GEMEINSAM ENTDECKEN

TIERISCHE BEGEGNUNGEN
Schwimmen gehen mit Flippers Freunden in Discovery Cove, Orlando

CAKE BY THE OCEAN
Im kunterbunten Bubble Room auf Captiva Island lebt Santa Claus das ganze Jahr über

EIN RIESEN-FEELING
Das allerkleinste US-Postamt liegt in Ochopee nahe Miami. Genau das Richtige für kleine Leute

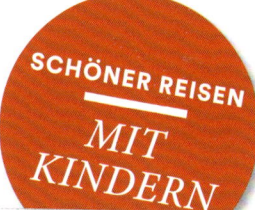

SCHÖNER REISEN
MIT KINDERN

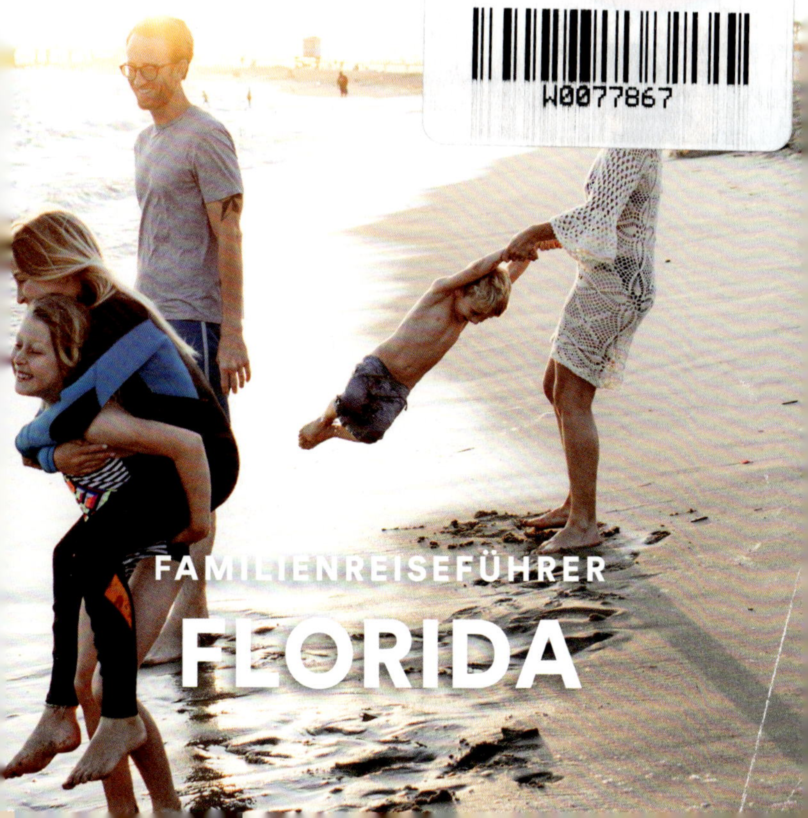

FAMILIENREISEFÜHRER

FLORIDA

Inhalt

Florida

❶

FLORIDA FÜR ELTERN UND KINDER

6   Florida entdecken
10   Was Eltern wissen sollten
14   Essen & Trinken

❷

KINDERFREUNDLICHE BADEPLÄTZE

18   **Strand mitten in der Stadt:** Aquatica
20   **Tropische Wasserwelt von Disney:** Typhoon Lagoon
22   **An der atlantischen Ostküste:** Cocoa Beach
24   **Zwischen Möwen und Pelikanen:** Jaycee Park
25   **Atoll südlich von Miami:** Matheson Hammock
26   **Für jeden Geschmack etwas:** John Pennekamp Coral Reef State Park
27   **Fast wie Sylt, nur viel wärmer:** Passe-a-Grille
28   **Island in the Sun im Golf von Mexiko:** Sanibel Island
30   **Weißer Sand und Sonne pur:** Clearwater Beach
32   **Paradies für Muschelsammler:** Bowman's Beach

❸

ZEHN TOUREN, DIE ALLEN SPASS MACHEN

34   **Tour 1 – Im Sonnenschein quer durch Orlando:** Ein Stadtrundgang für die ganze Familie
39   **Tour 2 – Spannend, selbst im Regen:** Indoorspaß in Orlando
44   **Tour 3 – Bus, Boot & Eisenbahn:** Ein Tag in West Palm Beach und Palm Beach
51   **Tour 4 – Welcome to Miami:** Shoppen, Strand und kubanische Klänge
56   **Tour 5 – Die Everglades:** An der Südspitze Floridas, im Reich der Alligatoren & Moskitos
60   **Tour 6 – Kleine und große Fische und auch noch viel Meer:** Im Süden – Islamorada, Duck Key und Marathon
65   **Tour 7 – Hemingway, Traumstrand & Fische:** Key West erfahren – eine Radtour
70   **Tour 8 – Der grüne Blitz & eine linkshändige Schnecke:** 85 Quadratkilometer Strand, Mangrovenwald und – Sanibel Island

![Weißer Sandstrand und türkisfarbenes Meer – willkommen im Traumurlaub!](image)

Weißer Sandstrand und türkisfarbenes Meer – willkommen im Traumurlaub!

75 **Tour 9 – Von Delfinen, Ottern & Cheeseburgern im Paradies:** Bootsausflug nach Cabbage Key

80 **Tour 10 – Versunkene Gärten jenseits des Regenbogens:** St. Petersburg & Clearwater Beach

DIE TOLLSTEN ATTRAKTIONEN FÜR KINDER

86 **Delfinischer Spaß:** Discovery Cove

88 **Bei Micky, Donald & Co.:** Disney's Magic Kingdom

90 **Fabelhafte Welten:** Pandora, die Welt von Avatar & Disney's Animal Kingdom

92 **Dem Zauber restlos verfallen:** Wizarding World of Harry Potter

93 **Action in der Natur:** Zipline-Vergnügen mit Forever Florida

94 **Den Sternen ganz nah:** Kennedy Space Center

96 **Schwimmen mit Flipper:** Dolphin Research Center

98 **Unterwegs mit dem Kajak:** Tarpon Bay Explorers

99 **Noch mehr Delfine:** Clearwater Marine Aquarium

100 **Surreale Kunstwerke:** Dalí Museum

GUT ZU WISSEN

102 Fakten von A bis Z

112 Einkaufen & Mitbringsel

115 Festkalender

118 Flora & Fauna

120 Geschichte

123 Sport

126 Index

128 Impressum

Unsere Autorin

SIMONE SEVER ist Hamburgerin und möchte auch nirgendwo anders leben. Allerdings reist sie gern und hat diese Leidenschaft zu ihrem Beruf gemacht. Als freie Reisejournalistin war und ist sie häufig unterwegs. Florida hat sie mit ihren beiden Söhnen auf zahlreichen Trips von Norden nach Süden und von der West- bis zur Ostküste bereist und lieben gelernt. In diesem Familienreiseführer verrät sie die Lieblingsorte ihrer Familie im Sunshine State und hofft, dass er anderen Familien eine genauso unvergessliche Reise beschert.

Was Sie wissen sollten

Diese Zeichen und Symbole begleiten Sie durch das ganze Buch und geben Ihnen besondere Informationen:

Grün

Infos zur Region oder spezielle Empfehlungen für die Eltern gibt's in den grünen Kästen.

Orange

In den orange-farbenen Kästen stehen tolle Tipps oder Geschichten für Kinder.

Blau

Regionale kulinarische Genüsse oder ein Restaurant, in dem auch Ihre Kinder auf ihre Kosten kommen, finden Sie in den blauen Kästen.

Die Mini-Karte von Florida mit dem dicken roten, grünen oder blauen Punkt zeigt Ihnen auf einen Blick, an welchem Ort sich die jeweilige Adresse befindet.

1

FLORIDA FÜR
ELTERN UND KINDER

Florida entdecken

360 Tage Sonnenschein. Na, wenn das kein Lockmittel für Familien und andere Reisende ist. Das milde Klima des 27. Staates der USA hat ihm nicht umsonst den Beinamen „Sunshine State" verliehen. Die ersten Bilder, die mir durch den Kopf kreisen, wenn ich an Florida denke, sind somit ein Kessel Buntes im Sonnenschein: Da höre ich geradezu das Geschnatter von Flipper, kriege es ein bisschen mit der Angst zu tun schon beim bloßen Gedanken an Alligatoren, sehe braune Pelikane in Formation über die atlantischen Wellen fliegen und weiße Reiher im Mangrovendickicht herumstaksen. In Miami tobt in meinem Kopf das Partyleben und vor den Farben und formschönen Art-déco-Gebäuden parken Hot Rods und andere US-amerikanische

Schlitten aus dem Film „American Graffiti", während Micky Maus mit Don Johnson einen Burger isst – aber was hat das nun mit einem Familienurlaub zu tun? Alles! Denn in Florida gibt es an jedem Ort, in jeder Situation und beinahe zu jeder Tageszeit mindestens eine Geschichte, eine Attraktion, einen Strand oder eine Tour, an der Kinder verschiedener Altersgruppen Freude haben können.

Einreiseprozedere

Kinder sind in Florida willkommen – und beliebt. Das zeigt sich meist schon bei der Einreise in die Vereinigten Staaten von Amerika. Familien mit Kindern dürfen auch mal in einer gesonderten Warteschlange stehen, in einer, in der es schneller geht. Selbst die sonst so strengen Einreisebeamten gehen manchmal ganz locker mit den Kindern um und haben ab und zu sogar einen Scherz parat: „Oh, look, Justin Bieber is here" („Ach, guck mal, da ist doch Justin Bieber") durfte sich mein Sohn über die Jahre immer wieder anhören. Das gestaltete das Einreiseprozedere und die Abnahme der Fingerabdrücke bei uns Erwachsenen dann doch etwas freundlicher.

Florida: 360 Tage Sonne im Jahr

Life is a Beach: in Florida 1.000 Kilometer

Erste Englischversuche & Begegnungen

Für deutsche Schulkinder, die in den meisten Bundesländern ab der Grundschule Englisch lernen, ist eine Ferienreise in ein englischsprachiges Land ohnehin eine tolle Sache. Auch wenn natürlich nicht alles sofort verstanden wird – einzelne Wörter und Sätze werden doch schon erkannt. Kleine Bestellungen und Freundlichkeiten können bereits ausgetauscht werden: „Thank you", „You're welcome." Das macht die

> **„All night, on the beach till the break of dawn. Welcome to Miami, Bienvenidos a Miami!" Die Florida-Hymne von Will Smith.**

Kinder besonders stolz und uns Eltern – na klar – auch! Und dann ist da ja noch die deutsch-amerikanische Freundschaft, die zwar nicht immer gut war, aber laut einer Anfang 2016 erhobenen Umfrage haben „die Hälfte der Amerikaner ein "exzellentes Bild" von Deutschland". Auch in Florida fällt das auf. Egal ob beim Essen, im Supermarkt, „in line", also in der Warteschlange in einem der Vergnügungsparks, immer ist ein Amerikaner in der Nähe, der irgendwelche „German roots", deutsche Wurzeln, hat: „My mother's great aunt was born in Mühlhaim, so I'm actually German" („Die Großtante meiner Mutter wurde in Mühlheim geboren, also bin ich eigentlich deutsch") oder „My grandfather used to live in Stuhtgaaht!" („Mein Opa lebte mal in Stuttgart") bekamen wir auf unseren Floridareisen ein ums andere Mal erzählt. Auch sprachlich haben sich eine ganze Menge deutscher Wörter im amerikanischen Englisch etabliert, allen voran der Hamburger, außerdem Frankfurter Würstchen, Bratwurst, Autobahn, Gemütlichkeit und Gesundheit, nicht zu vergessen Fahrvergnügen, Kindergarten, Mensch und sogar auch das Verb schleppen.

Müdigkeit überwinden

Kommen Sie am ersten Tag in aller Ruhe an, die Zeitumstellung (6 bzw. 7 Stunden, Sommer- oder Winterzeit) wird sicherlich allen Familienmitgliedern zu schaffen machen. Versuchen Sie gleich in den ersten Stunden, in den richtigen Rhythmus zu kommen, und bleiben Sie so lange wach, wie es geht. Manchmal hilft ein starker Kaffee oder für die Kids eine Cola.

Florida – eine Rundreise

Florida hat viele Urlaubsmodelle anzubieten: Ferienwohnung mit Ausflugspotenzial, Roadmovie mit Kindern, Beachresort mit Besuch bei Micky Maus … Was auch immer Sie geplant oder auch nicht geplant haben, die zentrale Mitte des Zipfelstaates ist ein gutes Anreiseziel. Sie können sich dann entscheiden, in welche Richtung Sie sich aufmachen. Meine Tipps führen von und bis Orlando und meine Tourenvorschläge für den 27. US-Staat weisen Ihnen den Weg im Uhrzeigersinn rund um die Touristenhochburg, denn für Kinder – und auch für viele Erwachsene – ist Orlando Pflichtprogramm. Der Flughafen ist international und die West- sowie Ostküste sind schnell erreicht. Die Shoppingmöglichkeiten in und um Orlando sind zahlreich und die Ausflugsziele spannend. Zwei, drei

Die braunen Pelikane sind überall

Florida im Film

Stimmen Sie sich mit einem DVD-Abend auf Ihren Urlaub ein. Für die Kinder gibt es „Flipper" oder auch „Flippers neue Abenteuer". Auch die Geschichte vom verletzten Delfin Winter („Mein Freund, der Delfin") spielt in Florida. Teenies lachen sicherlich über Ben Stiller in „Meine Frau, ihre Schwiegereltern und ich". Und für die Eltern könnte „African Queen" mit Katharine Hepburn und Humphrey Bogart genau passend sein.

oder auch vier Wochen lang können Sie jeden Tag etwas Neues erleben – sofern das Portemonnaie die teilweise gepfefferten Ticketpreise hergibt.

Tierisches Florida

Kommen wir zurück zum ersten Punkt meiner Gedanken über Florida: „Flipper" – in den 1960er-Jahren eine nicht nur bei Kindern beliebte TV-Serie mit einem Delfin als Star. Neben Flipper bekam der staunende Zuschauer aber auch gefährliche Alligatoren und freche Pelikane zu sehen. Schon damals war den Kindern klar: In Florida gibt es Tiere, die es bei uns nicht gibt, und zwar reichlich. Sogar solche, die wir im ersten Moment gar nicht zwingend mit Florida in Verbindung bringen: Panther zum Beispiel. Glauben Sie nicht? Es ist kein Zufall, dass der Panther das Wappentier des Bundesstaates ist. Am Himmel fliegen

Habichte und auch Weiß-
kopfseeadler. Im Wasser
leben uralte Schildkröten
und die etwas unförmi-
gen Manatees (Seekühe).
Es gibt auch Krokodile,
obwohl oft angenommen
wird, in Florida würden
doch nur Alligatoren
leben. Die Krokodile sind
im Mangrovengürtel der
Everglades (siehe Tour 5,
Seite 56) beheimatet.
Straßenschilder „Crocodile Xing"
(„xing" steht für „crossing") warnen
vor unfreiwilligen Treffen. Die
wohl am stärksten herbeigesehnte
Begegnung der Floridabesucher
ist zweifellos die mit Delfinen. Die
grauen Säugetiere ziehen Menschen
jeglichen Alters in ihren Bann. Wer
nach Florida kommt, der wird vielleicht versuchen, irgendwo Kontakt

Mein Freund, der Delfin

mit den schlauen Meeresbewohnern
aufzunehmen. Dafür gibt es viele
Möglichkeiten. Ganz natürlich etwa in
Küstennähe. Halten Sie besonders in
den frühen Morgen- und Abendstun-
den die Augen auf, manchmal kommen die Tiere ganz nah. Wenn Sie
einen Bootsausflug machen, könnte es
durchaus sein, dass eine Delfingruppe
in den Wellen des Schiffes spielt.

Feuchte Küsse

Zahlreiche Resorts und Research
Center wie auch Freizeitparks bieten
Schwimmen mit Delfinen an. Es ist
ein nicht ganz günstiges Freizeitvergnügen und auch nicht für alle
erlebens- und erstrebenswert. Ob es
für Sie Tierquälerei ist, müssen Sie für
sich und Ihre Familie selbst entscheiden. Nur so viel sei gesagt: Die Trainer, die wir auf unseren Floridareisen
getroffen haben, waren als stets darum besorgt, dass es ihren tierischen
Schützlingen an nichts mangelte. Und
für all die Kinder und Erwachsenen,
die wir beobachtet haben, und auch
für unsere eigenen Söhne war die kör-
perliche, reale Begegnung mit einem
derart faszinierenden und freundlichen Geschöpf einfach unbezahlbar.

Möchten Sie einen Delfin adoptieren?

Einmal einen Delfin zu streicheln oder sogar mit ihm zu
schwimmen – nicht nur ein
Traum für Kinder. Wenn Sie
Ihrem Kind ein ganz besonderes Geschenk machen möch-
ten, spendieren Sie ihm doch
eine Patenschaft des **DOLPHIN
RESEARCH CENTER (DRC)** und
bezahlen ab $ 50 jährlich für
die Teilnahme am „Dolfriend"-
Programm. Mehr Infos unter
www.dolphins.org/memberships.
Siehe auch Seite 61 und 96.

Was Eltern wissen sollten

Um ihr Urlaubsziel, die Vereinigten Staaten von Amerika, überhaupt zu erreichen, brauchen alle Familienmitglieder einen gültigen maschinenlesbaren Reisepass. Und vergessen Sie bloß nicht, sich mindestens 72 Stunden vor der Abreise bei der ESTA (Electronic System for Travel Authorization, www.cbp.gov/esta) online anzumelden (siehe auch Kap. „Gut zu wissen", Seite 102). Ist das geschafft, steht Ihrer Traumreise nichts mehr im Wege – zumindest dann nicht, wenn Sie sich an ein paar wichtige Regeln halten. Und das sollten Sie auf Ihrer Ferienreise ohnehin nicht vergessen, denn Regelverstöße werden im Land der unbegrenzten Möglichkeiten streng geahndet.

Achtung, amerikanische Ampelregelungen!

In Amerika hängen die Ampeln hoch oben, und zwar hinter der Kreuzung. Versuchen Sie, es sich möglichst schnell zu merken, ansonsten kann es schon mal zu unangenehmen Situationen kommen. An einer Ampelkreuzung, die für die Geradeausspur Rot anzeigt, dürfen Sie trotzdem nach rechts abbiegen, zumindest wenn der Straßenverkehr dies zulässt.

Garage Sale!

Wenn Sie in den Vereinigten Staaten und natürlich auch in Florida durch Wohngebiete fahren, dann sehen Sie manchmal ein Schild mit den Worten „Garage Sale!". Hier wird keine Garage verkauft. Es ist vielmehr ein kleiner, privater Flohmarkt mit allerlei Krimskrams, der verkauft werden soll. Halten Sie gern an und fragen Sie nach. Bei so einem Garage Sale kann man manchmal echte Schnäppchen machen. Kinderklamotten, Bücher, Spielzeug… Ganz gezielte Auskünfte über die privaten Verkaufsmärkte erhalten Sie bei Yard Sale (*www.yardsalesearch.com*).

Aufgeschmissen ohne Auto

Ohne Auto ist es in Florida eher schwierig, von A nach B zu kommen. Die Wege können lang sein. Auf den Straßen sind nur selten Fußgänger zu sehen, weil alle fast jede noch so kurze Strecke mit dem Auto fahren. Buchen Sie am besten einen Mietwagen, wenn Sie Florida erkunden möchten. Achten Sie darauf, dass Sie, falls nötig, einen Kindersitz mitbringen oder bereits mit dem Wagen gemietet haben (siehe auch Kap. „Gut zu wissen", Seite 104). Die Kindersitzregelungen unterscheiden sich von unseren. Babys im Alter bis zu 1 Jahr müssen wie in Deutschland rückwärts in Babyschalen sitzen. Danach brauchen Kinder einen richtigen

Kindersitz mit Rückenlehne und Kopfstütze. Für Kinder ab einem Alter von 4 Jahren gilt in Florida lediglich eine Anschnallpflicht. In den meisten US-Staaten brauchen Kinder von 4 bis 8 Jahren nur noch einen „booster", eine Sitzerhöhung. Ob Sie Ihr Kind anschnallen oder ob Sie eine Sitzerhöhung im Reisegepäck mitnehmen oder eventuell doch lieber vor Ort kaufen möchten, müssen Sie natürlich selbst entscheiden. Die Booster kosten je nach Anbieter ab etwa $ 15 in den großen Kaufhäusern. Wer vorab in Deutschland bucht, der sollte unbedingt ein Rundum-Versicherungspaket abschließen (siehe Kap. „Gut zu wissen", Seite 104).

Verkehrssicherheit

Nun geht's aber los! Rauf auf den US-Highway. Auch hier ist nicht alles so wie in unseren Breitengraden. Bereiten Sie sich auf die amerikanischen Fahrregelungen vor. Erschrecken Sie nicht, wenn Sie jemand auf den teils sechsspurigen Highways rechts überholt – das ist erlaubt. Versuchen Sie, in der Mitte zu fahren, denn die äußerste Spur geht häufig rechts raus. Dann heißt es plötzlich „Merge left" („links einordnen"), und auf den Abbiegespuren müssen Sie dann auch wirklich abbiegen. Achten Sie auf die Höchstgeschwindigkeiten auf den Highways und Interstates! Besondere Regelungen gelten rund um Schulgelände. Meist morgens und nach Schulschluss gilt ein strenges Tempolimit von 15 Meilen pro Stunde. Auch Schulbusse sind mit äußerster Vorsicht zu umfahren. Blinken die Lichter rot, halten Sie unbedingt an – egal aus welcher Richtung kommend. Überholen ist dann unter keinen Umständen erlaubt. An roten Ampeln darf, sofern es nicht mit „No turn on red light" untersagt ist, rechts abgebogen werden. Und nicht vergessen: Die Ampeln hängen hinter der Kreuzung (siehe Kasten Seite 10)!

Plastikgeld

Stecken Sie unbedingt eine Kreditkarte ein. Ohne das Plastikgeld ist man in Amerika beinahe verloren. Ob in Hotels oder beim Autoverleih – Sie müssen stets Ihre Daten als Sicherheit hinterlegen. Auch bei hoffentlich nicht eintretenden Notsituationen wie Arztbesuch oder Krankenhausaufenthalt ist eine Kreditkarte mehr als nützlich. Achten Sie darauf, dass Sie eine

Hoch gehängt: Ampeln in Florida

Kredit- und auch eine EC-Karte mit Maestro-Zeichen dabeihaben. Mit der EC-Karte kann an den meisten ATMs (das sind Maestro-Bankautomaten) Bargeld abgehoben werden.

In den Restaurants

„Wait to be seated" heißt es grundsätzlich (bis auf wenige Ausnahmen) in den USA. Sie gehen also nicht einfach in das Restaurant Ihrer Wahl und suchen sich selbst einen freien Platz, so wie das in den meisten deutschen Restaurants üblich ist. Ihnen wird ein Tisch zugewiesen. In beliebten Restaurants und an besonderen Feiertagen kann das allerdings schon mal dauern, bis zu einer Stunde oder sogar noch länger. Dann bekommen Sie eine ungefähre Zeit genannt und in einigen Lokalen auch einen elektronischen Pieper in die Hand gedrückt, der, sobald Ihr Tisch fertig ist, zu piepen oder brummen beginnt. Häufig geht es übrigens schneller, als man glaubt. Lassen Sie sich also nicht von einer Schlange abschrecken.

Ab an den Strand

Die Strände Floridas sind meilenweit und zahlreich. Da ist zum einen die Atlantikküste mit manchmal wirklich rauen Wellen, die sich gut zum Wellenreiten mit kleineren und auch größeren Brettern eignen. Auf der Golfseite Floridas hingegen ist das Wasser viel sanfter und auch wärmer, ideal für Kleinkinder. Sie erinnern sich an die Deepwater-Horizon-Katastrophe im Jahr 2010 oder an die Auswirkungen des Hurrikans Irma im Spätsommer 2017? Ob diese Ereignisse immer noch die Wasserqualität im Golf von Mexiko beeinflussen? Das Florida Department of Health (www.floridahealth.gov) hält jede Menge Infos zur Wasserqualität an den einzelnen Stränden und in den Counties (Bezirken) bereit.

Drugstores & Pharmacies

Sind Sie auf der Suche nach einer Apotheke, halten Sie Ausschau nach Walgreens, CVS und anderen Pharmacies oder Drugstores. Diese

Weißer Sand, Sonne satt, Palmen, türkisfarbenes Meer – ein amerikanischer Traum!

Offizielle Besucher-Websites für Florida

Ob kinderfreundliche Attraktionen oder spannende Outdoor-Aktivitäten, ob Museum, Themenpark, Norden oder Süden, Atlantik oder Golf von Mexiko … Visit Florida (www.visitflorida.com) kennt sich bestens im gesamten Sunshine State aus. Mit Tipps rund um Orlando versorgt Sie Visit Orlando (www.visitorlando.com/de). Surfen Sie mal vorbei!

teils großen, supermarktähnlichen Geschäfte haben ein umfassendes Arzneimittelangebot. Sollte sich Ihr Kind schwerwiegender verletzen und einen Arzt oder gar ein Krankenhaus benötigen, denken Sie daran, dass Sie die Arztrechnungen in den Vereinigten Staaten sofort bezahlen müssen. Schließen Sie also vor dem Urlaub eine Auslandsreisekrankenversicherung inklusive USA ab – fragen Sie bei Ihrer Krankenkasse oder auch beim ADAC (falls Sie Mitglied sind) nach – und haben Sie für solche Situationen immer eine Kreditkarte dabei.

Unterkunft & Trinkgeld

Mit Kindern in Amerikas Hotels oder Motels unterzukommen, ist easy! Vierköpfige Familien können ohne Probleme in einem Zimmer wohnen. Fragen Sie nach Zimmern mit zwei Queensize-Betten (ca. 1,40 Meter breit). Ein Kingsize-Bett (ca. 2 Meter breit) könnte für Familien mit einem

Kind auch groß genug sein. Die Preise werden pro Zimmer, nicht pro Person berechnet. Das macht die Unterkünfte häufig bezahlbarer als in Europa. Alle Preise – Klamotten, Restaurants und auch Hotelzimmer – werden übrigens ohne „tax", ohne Steuerzuschläge, angegeben. In den Restaurants sollten Besucher den „tip", das Trinkgeld, nicht vergessen. Zwischen 15 und bis 20 Prozent kommen noch mal zum Rechnungspreis hinzu. Achten Sie unbedingt darauf, ob das Restaurant den Tip nicht vielleicht schon mit auf der Rechnung stehen hat. Wer vor dem Restaurant, Hotel oder auch vor einigen der Outlet-Shopping-Center vorfährt, findet oft das Schild „Valet Parking". Hier möchte man Ihren Wagen für Sie parken. Das kann etwa bei Regen angenehm sein, kostet aber extra, etwa $ 2 und $ 5 pro Weg.

Amerikanisch-deutsche Maßeinheiten

1 inch oder Zoll = 2,54 cm
1 foot = 30,48 cm
1 yard = 91,44 cm
1 mile (mi) = 1,61 km
1 square mile = 2,58 qkm
1 pound (lb) = 0,45 kg
1 ounce (oz) = 28,35 g
1 fluid ounce (fl oz) = 29,57 ml
1 gallon = 3,78 l
1 mile per hour (mph) = 1,61 km pro Stunde
x miles per gallon (mpg) = (235/x) Liter auf 100 Kilometer, Beispiel: 10 mpg = 23,5 l/100 km

Essen & Trinken

Burger, Burger, noch mal Burger und nicht zu vergessen French Fries, also Pommes Frites. Das ist das Bild amerikanischen Essens. Und – leider – so ist es auch. Zumindest kriegt man genau das: Burger und Fritten eigentlich immer und überall. Im Kindermenü (kids' menu) gern an allererster Stelle, was die Bestellung für Kinder häufig einfach macht – aber uns europäische Urlaubseltern verzweifeln lässt. Doch keine Angst, es geht auch anders. Manchmal …

Essen zu jeder Tageszeit

Wer im Hotel wohnt und mit Frühstück gebucht hat, der findet genau wie in den Frühstückslokalen auch die üblichen Verdächtigen: Eier in den unterschiedlichsten Variationen. Spiegeleier mit weichem Dotter (sunny side up) oder Spiegeleier mit dem Dotter überbraten (over easy), Rührei (fried oder scrambled), dazu gern kleine Würstchen (sausages) oder Speck (bacon). Auch French Toast oder Pancakes sind sehr beliebt. Pancakes können auch mit salzigem Bacon gegessen werden. Dazu Ahornsirup und ein kleines bisschen Obst an der Seite. Kinder, zumindest meine, lieben Waffles, die mal mit Sahne (whipped cream) oder auch mit frischem Obst wie Blaubeeren (blueberries) serviert werden.

Zum Mittagessen (lunch) wird genau wie zum Abendessen (dinner) an einer der zahlreichen Restaurantketten gehalten und eingekehrt. Und raten Sie mal, was da am liebsten auf den Tisch kommt. Ganz genau: Burger! Beim Nationalgericht lassen sich die amerikanischen Restaurants einiges einfallen: Baconburger, Texasburger, Chiliburger, Burger mit Alligatorfleisch, mit frittierten Austern, Burger mit Fisch und selbst einen Burger mit Hummer habe ich schon auf der Karte gesehen. Keinen Burgerhunger? Lecker und meist in überschaubaren Portionen kommen die Chicken Tenders oder Chicken Fingers, kleine frittierte Hähnchenbruststreifen, mit Dip und Sellerie daher. Lecker auch für Kinder: die Chicken Wings. Aber achten Sie darauf, dass Sie nicht die scharfen Buffalo Wings bestellen, die brennen meist ganz schön. Nicht zu vergessen natürlich die guten und besonders zarten Steaks. Probieren Sie selbst!

Typisch Florida

Haben Sie schon mal daran gedacht, Alligator zu essen? In Florida ist das an der Tagesordnung, schließlich gibt es dort von den Urviechern auch ganz schön viele. In manchen Restaurants

Geschmackssache: frittierter Alligator

Florida-Orangen

Bei so viel Sonne kann das ja nur gut werden: Die Orangen in Florida gedeihen prächtig und sind extrem saftig und süß. Die USA sind nach Brasilien der zweitgrößte Orangenproduzent weltweit und der größte Teil der US-Anbaufläche befindet sich in Florida. Also perfekt, um zwischendurch mal ein paar der Südfrüchte zu naschen oder in der Ferienwohnung auszupressen, denn 100 g Orangen enthalten rund 50 mg Vitamin C. Der empfohlene Tagesbedarf liegt bei etwa 70 mg für Kinder von 4 bis 7 Jahren.

steht Alligatorfleisch tatsächlich auf der Karte. Probieren lohnt sich. Meine Kinder waren beim ersten Alligatorhappen ordentlich aufgeregt. Am Ende kam die Bestellung, frittiert in einem kleinen „basket", einem Körbchen, mit Dip. Mit der nötigen Skepsis wurde am ersten Stück geschnuppert. Es duftete nach Panierung. Ein bisschen Zitrone drauf, kurzes Eintauchen in den Dip … „Gar nicht so schlecht", fand mein Sohn. Es schmeckte ein bisschen wie Hühnchen. Übrigens, wenn Sie „Dolphin" auf der Speisekarte finden – keine Panik. Dolphin, auch Mahi-Mahi genannt, ist eine Goldmakrele und kein Flipperfreund!

Süße Versuchungen
Brownies, Muffins, Cheesecakes, Key Lime Pies, Hot Fudge Brownies („Hot Fadsch" gesprochen) … Die Liste der Versuchungen in Floridas Restaurants ist lang und zuckersüß. Genauso wie in den Supermärkten und 7-Elevens, die 24/7 (an 7 Tagen die Woche, rund um die Uhr) geöffnet haben. In einigen Abteilungen kann man sogar ganze fertige Torten erstehen – am St. Patrick's Day, dem irischen Nationalfeiertag am 17. März, etwa in Grün, am Valentinstag, dem 14. Februar, in Pink, am amerikanischen Nationalfeiertag, dem 4. Juli, in patriotischem Rot-Weiß-Blau und an Weihnachten natürlich auch. Meine Kinder lieben Skittles (www.skittles.com), eine Art Smarties mit Gummibärchenfüllung, die es inzwischen auch in Deutschland gibt. Besonders hübsch und lecker sind auch die York Peppermint Patties (www.hersheys.com/york), dunkle Schokotaler mit Pfefferminzinhalt, in silberne Folie gewickelt.

Tischmanieren
Burger, das ist ja wohl ganz klar, werden mit den Händen gegessen. Genau

Der Appetit kommt beim Essen

Wenn unaufgefordert die Rechnung kommt

In europäischen Ländern wie Deutschland, Spanien, Italien, Österreich oder in der Schweiz kann ein Abend im Restaurant schon mal lang werden. Da wird in aller Ruhe gesessen, gespeist, getrunken und geredet. Man will die Zeit genießen. Nicht so in amerikanischen Restaurants. Meist kommen Sie gar nicht dazu, nach der Rechnung zu fragen. Bereits kurz nach der Bestellung des Desserts oder des abschließenden Kaffees wird Ihnen der Waiter bzw. die Waitress mit einem freundlichen Lächeln ungefragt die Rechnung auf den Tisch legen und Ihnen so unmissverständlich zu verstehen geben, dass der Tisch nun mit den nächsten Gästen besetzt werden soll.

wie bei uns und überall auf der Welt. Die Tischmanieren der Amerikaner unterscheiden sich dennoch von den unseren, und zwar in der Benutzung des Bestecks. In Deutschland versucht man, den Kindern beizubringen, mit Messer und Gabel das Essen zu zerteilen und dann mit dem Besteck in den Händen zu essen, Häppchen für Häppchen. In Amerika hingegen schneidet man einen Bissen ab, legt dann das Messer aus der rechten Hand oben quer über den Teller, Schnittseite zum Essenden, nimmt die Gabel in die rechte Hand und legt die linke Hand solange auf die Serviette, die wiederum auf dem Schoß liegt – die Hand kommt also nicht, wie wir es lernen, auf den Tisch. Dann isst man den Bissen mit der Gabel in der rechten Hand und wiederholt den Ablauf. Das klingt viel zu kompliziert? Keine Angst, es wird keiner gezwungen die amerikanischen Tischgewohnheiten zu übernehmen. Auch für Erwachsene gibt es besondere Handhabungen, etwa beim Griff zu den Weingläsern. Europäer greifen das Weinglas am Stiel. Die Amerikaner greifen das Glas dagegen am Kelch.

Doggy Bags

Sind Sie schon mal mit knurrendem Magen in ein amerikanisches Restaurant gegangen und konnten sich eine Vorspeise nicht verkneifen? Nun, dann kennen Sie das: Die Portionen sind riesig, der Salat, den man vorweg bestellt, schon eine den Magen füllende Angelegenheit. Und dann kommt noch der Hauptgang (Entree). Passt der nicht mehr rein, fragen Sie nach einer „doggy bag", und Sie bekommen die Reste eingepackt.

Getränke, Wasser & Refill

Stilles Wasser mit Eis wird in ganz Amerika ungefragt auf den Tisch gestellt und kostet nichts. Das Wasser kommt aus der Leitung und ist in ganz Amerika stark gechlort. Wenn der Chlorgeschmack Sie stört, bestellen Sie am besten Soda Water. Bei großem Durst könnte ein Refill einer Coke, Lemonade oder eines Ice Teas passend sein. Bei einem Refill bekommen Sie immer wieder kostenlos nachgeschenkt. Köstlich für Kinder: Smoothies und Milkshakes.

2

KINDERFREUNDLICHE
BADEPLÄTZE

Aquatica

Ein Strand mitten in der Stadt mit feinem, weißem Sand, mit klarem, blauem Wasser und mit Wellen, die alle paar Minuten angekündigt die Badenden erfreuen. Wachsame Lifeguards haben zu jeder Zeit alles im Blick. Wasserrutschen und Delfine sorgen für zusätzliche Spannung. Mit einem Wort: ein Traumstrand. Doch fürs Träumen ist das Angebot in **AQUATICA**, einem 20 Hektar großen Wasserpark in Orlando, viel zu reichhaltig. Packen Sie die Badehose ein, nehmen Sie Ihre Kinder an die Hand und verbringen

Parks auswählen und sparen

Wer als Familie nach Orlando, Florida, kommt, wird kaum alle großen Freizeitparks besuchen, das wäre deutlich zu teuer. Eher entscheidet man sich für eine Parkgruppe, wie etwa Walt Disney World Resort, Universal Studios Orlando oder SeaWorld Parks & Entertainment. Jede der Gruppen umfasst unterschiedliche Vergnügungsparks mit Tieren, Wasserparks und aufregenden Achterbahnen. Schauen Sie sich genau an, welche Parks für Ihre Familie und Ihre Freizeitgestaltung infrage kommen.
Wer ein paar Tage Zeit hat, entscheidet sich eventuell für die 4-Tage-Tickets und bekommt an Tag 5 freien Eintritt.

Im freien Fall durch „Ihu's Breakaway Falls"

Sie einen fabelhaften Tag im Sand, im und unter Wasser. Zuallererst suchen Sie sich eine schöne Liege unter einem Schatten spendenden Schirm. Möchten Sie mit kleineren Kindern direkt am Wasserspielplatz „Walkabout Waters" lagern und die Kleinen jederzeit im Blick haben? Oder sind Ihre Kinder bereits gute Schwimmer und Sie liegen lieber direkt an den „Big Surf Shores", dem Wellenpool?

Fische & Delfine
Nun steht einem aktiven Strandtag nichts mehr im Wege. Na ja, außer den Wartezeiten, die an den besonders beliebten Rutschen schon mal

etwas länger sein können. Wie wäre es gleich am Anfang mit dem „Dolphin Plunge"? Eine tolle Wasserrutsche, allerdings nur für geübte Schwimmer, da sie nicht mit Schwimmwesten benutzt werden darf. Das Besondere an dieser Rutsche sind die gläsernen Röhren, die mitten durchs Delfinbecken führen. Wer sich nicht traut oder sich ohne Schwimmweste nicht sicher fühlt, die Delfine aber trotzdem sehen möchte, der schnappt sich einen Reifen auf der „Loggerhead Lane" und treibt ganz ruhig und fröhlich den sanft fließenden Fluss hinunter, vorbei an den Delfinen und einer spektakulären „Fish Grotto" mit kunterbunten Fischen.

Fahrvergnügen

Die „Walhalla Wave" und die „Woo-Hoo Falls" sind ein Spaß für die ganze Familie (Babys allerdings ausgeschlossen). Durch dunkle Tunnel geht der Ritt mit runden Schlauchbooten mal links, mal rechts, mal wellenartig wieder hinaus ins Tageslicht. Um einiges gemeiner, aber im ersten Moment gar nicht so angsteinflößend kommt der „Taumata Racer" daher. Auf einer Art Luftmatratze schießt der überraschte Wasserrutschenheld erst kopfüber ins Dunkel, um dann mit wiederkehrendem Tageslicht das absolute Nichts

unter sich zu sehen. Im gefühlten freien Fall erreicht man das Ende seiner Nerven und auch der Rutsche. Kinder – erlaubt ab etwa 1,10 Meter Größe – wollen am liebsten gleich noch mal. Die Strände von Aquatica sind, wie es sich für einen anständigen Strand gehört, mit allerlei Restaurants, Souvenirshops und natürlich mit Duschen, WCs sowie Erste-Hilfe-Station ausgestattet. Meeresrauschen gibt's in den Wellenpools, der Sand klebt genauso herrlich oder nervig zwischen den Zehen wie anderswo, die Sonne brennt ebenso gnadenlos wie überall. Die einzigen Unterschiede: Das Wasser ist nicht salzig und es muss natürlich Eintritt gezahlt werden. Nichts wie ab an den Strand!

AQUATICA, *5800 Water Play Way, Orlando, FL 32821, Tel. +1-407-545 55 50, www.aquaticabyseaworld.com. Kernzeit 9-17 Uhr. Tageskarte Erw. u. Kinder (ab 3 J.) ab $ 39,99, Parkgebühr $ 17.*

Kinderfreundliche Badeplätze

Alle 10 Minuten heißt es: „Surf's up!" („Achtung, Wellen!")

Typhoon Lagoon

Der tropische Wasserpark **DISNEY'S TYPHOON LAGOON** entstand laut Legende, als ein heftiger Sturm über Florida fegte und der Krabbenkutter „Miss Tilly" auf die Spitze des Mount Mayday geweht wurde. Tolle Geschichte, aber ebenso wahr, wie das Wasser hier salzig ist – nämlich gar nicht!

Cool im Pool

Dieser künstlich angelegte Strand hat nichts mit Sturm und Schlechtwetterfronten zu tun, im Gegenteil. Der spektakuläre Wasserpark lädt Bade-

nixen und Wasserratten aller Altersklassen zu einem herrlichen Badetag ein. Alle 90 Sekunden kommen fast 2 Meter hohe Wellen – ein prima Badevergnügen. Lifeguards haben natürlich immer alles im Blick. Schnell mit der Familie zu den „Gang Plank Falls" und hinein ins runde Gummiboot. Am Anfang ist es noch gemütlich, bis es auf einmal schneller wird und die Welt sich im runden Boot dreht. Unbedingt ausprobieren!

Eis im Eimer

Der „Ketchakiddee Creek" mit großem Wasserspielplatz wird jedes Kleinkind begeistern und ein weißer Sandstrand am Wellenpool lädt zum Entspannen ein – aber nicht zu lange, sonst verpassen Sie den „Castaway Creek", einen gemächlich dahinfließenden, künstlichen Fluss, der nur

Wie ist „Miss Tilly" da nur gelandet?

Rein in den Reifen und einfach treiben lassen auf dem „Castaway Creek"

Kinderfreundliche Badeplätze

Wie die großen Wellenreiter

Viele Kinder möchten gern surfen lernen, aber im offenen Meer kann das schon gefährlich werden. Wenn Ihr Kind mindestens 8 Jahre alt ist, melden Sie es doch zum **SURFKURS** im Typhoon-Lagoon-Wellenpool an. Der etwa dreistündige Kurs kostet $ 165.
Um eine Surfstunde klarzumachen, wählen Sie +1-407-WDW PLAY oder +1-407- 939-75 29.

bis zu 1,20 Meter tief ist. Schnappen Sie sich einen der „tubes", den großen Schwimmreifen, und treiben Sie mit Kind und Kegel vorbei an tropischen Gärten, exotischen Vögeln und durch Nebelschwaden. Gönnen Sie sich unbedingt den „Sand Pail Sundae", einen riesigen Eisbecher, der in einem Sandspielzeugeimer serviert wird. Besser geht's kaum.

TYPHOON LAGOON, *1145 East Buena Vista Boulevard, FL 32830, Tel. +1-407-560 41 20, www.disneyworld.disney.go.com/ parks/typhoon-lagoon. Tägl. ca. 9-21 Uhr. Tagesticket Erw. ab $ 56, Kinder (3-9 J.) $ 51.*

Cocoa Beach

Ein ganz wunderbarer, quirliger Ort ist **COCOA BEACH** (gesprochen „Coco") an der atlantischen Ostküste. Der feine Sandstrand lädt besonders an Wochenenden Heerscharen von Familien zur Beachparty „all day long", den lieben langen Tag, ein. Parken Sie Ihr Auto am besten in der Nähe des **RON JON SURF SHOP** *[4151 North Atlantic Avenue, Cocoa Beach, FL 32931, Tel. +1-321-799 88 88, www.ronjonsurfshop.com. 24 Std. tägl., 365 Tage im Jahr]*, einem pastellbunten Fantasiegebäude mit auffälligen Surferstatuen und einem tollen Angebot an wirklich coolen Beachklamotten für die ganze Familie. Die Atlantikstrände sind eindeutig nicht

Im Land der Urviecher

Zähne, Eier, Klauen … Ach herrje, ein Paradies für Kinder! In der Adventure Zone warten spannende Abenteuer und Experimente auf wissbegierige Kids. Wie wär's mit einer Floßfahrt auf dem Nil? Im Dinosaur Store haben Sie die Wahl zwischen unbezahlbaren, dafür echten Fossilien und erschwinglichen Repliken. **THE DINOSAUR STORE & ADVENTURE ZONE**, *250 West Cocoa Beach Causeway, Cocoa Beach, FL 32931, Tel. +1-321-783 73 00, www.dinosaurstore.com. Mo-Sa 10-18, So ab 12 Uhr. Erw. $ 6, Kinder (3-15 J.) $ 8.*

Besonders an sonnigen Wochenenden ist am Cocoa Beach viel los

immer zum Schwimmen für kleine Kinder geeignet, dafür sind häufig die Wellen zu hoch. Doch keine Angst, ins Wasser können Sie Ihre Kinder trotzdem schicken, nur eben nicht so tief rein. Sie sollten außerdem genauestens die Warnhinweise am Strand durchlesen und Ihren Kindern die „rip currents" (siehe Kasten unten) erklären. Um ein gutes Sicherheitsgefühl zu haben, suchen Sie sich einen Platz in der Nähe des Lifeguard-Turms. Größere Mädels und Jungs, die sich eventuell mal im Surfen ausprobieren möchten, fragen bei Ron Jon (Adresse siehe links) nach „surf lessons". Nur ein paar Meter vom Strand entfernt ist ein kleiner 7-Eleven-Laden, dort können Chips oder auch Wasser gekauft

Buchtwacht oder Baywatch

Regeln im Wasser

Achten Sie an den Stränden Floridas immer auf die aktuellen Wasserbedingungen und merken Sie sich ein paar einfache Regeln: Schwimmen Sie nicht zu weit raus. Gehen Sie nicht allein ins Wasser. Sollten Sie von einer Strömung (rip current) erfasst werden, schwimmen Sie nicht dagegen an. Versuchen Sie, aus der Strömung herauszukommen. Sollte Ihnen das nicht gelingen, lassen Sie sich treiben und winken oder rufen Sie um Hilfe. Achten Sie auf die Flaggen, die am Strand wehen. Blau bedeutet z. B. gefährliche Tiere. Bei zwei roten Flaggen ist es verboten, ins Wasser zu gehen.

werden. Und nur wenige Schritte vom öffentlichen Parkplatz finden Sie Toiletten und Duschen.

Am Abend zum Dinner oder zum Sonnenuntergang empfiehlt sich **CAPTAIN J'S** *[211 Cocoa Beach Causeway, Cocoa Beach, FL 32931, Tel. +1-321-783 17 17, www.captainjs.com].* Versuchen Sie, einen Platz auf der Dachterrasse zu bekommen, von dort hat man einen direkten Blick auf die Kreuzfahrtschiffe, die Richtung Karibik unterwegs sind. Und manchmal, wenn sich von Cape Canaveral aus wieder ein Spaceshuttle Richtung Weltraum aufmacht, hat man vom Cocoa Beach aus einen ausgezeichneten Blick aufs Geschehen.

ANFAHRT: *211 Cocoa Beach Causeway, Cocoa Beach, FL 32931 – in den Navi eingeben oder Cocoa Beach Causeway bis Ocean Beach Boulevard fahren.*

Kinderfreundliche Badeplätze

Jaycee Park

Früh am Morgen
in der Woche und
außerhalb der Ferien-
zeiten findet man
sich hier schnell in
Möwenschwärmen
wieder. Auch Pelikane können im
JAYCEE PARK bei **VERO BEACH** prima
beobachtet werden. Der Strand
lockt mit feinem Sand und ein paar
schönen Muscheln. Das Wasser ist auf
den ersten eineinhalb Metern flach,
bevor es etwas abfällt. Achten Sie
darauf, dass der Lifeguard „on duty",
also in Bereitschaft, ist. Gleich hinter
dem Strand lässt es sich in kleinen
Pavillons mit Tischen und Bänken
und unter Schatten spendenden
Bäumen prima grillen. Keine Lust auf
ein Picknick? Dann kann im **SEASIDE
GRILL** *[4200 Ocean Drive, Vero Beach,
FL 32963, Tel. +1-772-559 55 95. Tägl.
7-14.30 Uhr]* unkompliziert entweder
drinnen oder draußen mit Atlantik-
blick der Hunger gestillt werden.
Besonders praktisch am Jaycee Park:
Die Parkplätze kosten nichts.

Tierisch schön ist es im Jaycee Park

Starbucks

Mit gut 23.000 eigenen und
lizenzierten Kaffeehäusern in
etwa 70 Ländern ist Starbucks
rund um den Globus vertre-
ten. Die weltgrößte Kaffee-
hauskette ist natürlich auch in
Florida zu finden. Überall am
Wegesrand sieht man immer
wieder eins der grün-weißen
Schilder mit dem bekannten
Namenszug. Und manchmal
passt es genau ins Konzept:
Der Hunger ist klein, der
Durst groß, die Fahrt im Auto
noch lang. Dann ist das ein
guter Moment, um kurz an-
zuhalten, einen Kaffee je nach
Wahl als Macchiato, Cappuc-
cino, Mocha Dream oder eine
Hot Chocolate zu ordern.
Kleine Snacks wie Sandwiches,
Bagels, Muffins oder köstliche
Carrot Cakes und Banana
Breads liegen stets frisch
zubereitet in den Auslagen.
Gemütliche Sesselgruppen
und Zeitschriften laden zum
Verschnaufen ein und in den
meisten der Starbucks-Filialen
können Sie sich über Wi-Fi
mit Ihrem Smartphone kostenlos einloggen und schnell mal
die E-Mails kontrollieren oder
ein Urlaubsbild posten.

ANFAHRT: *Am besten die Adresse
des Seaside Grills in den Navi eingeben (siehe oben), dort können
Sie kostenlos parken.*

Matheson Hammock

Fernab der Großstadthektik von **MIAMI** liegt versteckt, etwa 30 Minuten mit dem Auto Richtung Süden, **MATHESON HAMMOCK** mit seinem künstlich angelegten Atoll-Pool. Wer am Atlantik Bade-

Der Red Fish Grill liegt direkt am Strand

Tropischer Garten Eden und Ruheoase zugleich

Dieser botanische Garten in der Nähe von Miami ist wirklich einzigartig. Bereits die Anfahrt über die Old Cutler Road ist sehenswert, denn die Banyanbäume haben aus ihren Ästen ein mystisches und märchenhaftes, Schatten spendendes Dach geformt. Wer gern in tropischer Natur umherspaziert, wer die Ruhe und Stille sucht, der ist hier besonders gut aufgehoben. Sollte Ihnen die Sonne am Matheson-Hammock-Strand zu viel sein, dann lohnt sich dieser kleine Ausflug, denn der tropische Garten ist gleich um die Ecke.
FAIRCHILD TROPICAL BOTANICAL GARDEN, *10901 Old Cutler Road, Coral Gables, FL 33156, Tel. +1-305-667 16 51. Tägl. 9.30-16.30 Uhr. Erw. $ 25, Kinder (6-17 J.) $ 12.*

urlaub mit Kindern macht, der kann schon mal an zu hohen Wellen scheitern. Dieses kreisrunde Atoll ist dann die richtige Alternative. Hier können Ihre Kinder im Wasser planschen. Die Kleinen buddeln im Sand, während die größeren, schwimmsicheren Kinder ohne die Gefahr eines zu hohen Wellengangs baden gehen. Kinder unter 6 Jahren dürfen nur in Begleitung eines mindestens 18-Jährigen ins Wasser. Lassen Sie Luftmatratze & Co. im Auto, denn alles Aufblasbare ist im Wasser nicht erlaubt. Ein Rettungsteam wacht über die Sicherheit der Strandgäste. Essen darf mitgebracht werden. Wer sich lieber verwöhnen lässt, wird im **RED FISH GRILL** *[9610 Old Cutler Road, Coral Gables (Miami), FL 33156, Tel. +1-305-668 87 88, www.redfishgrill.net. Tägl. 9.30-16.30 Uhr]* mit Blick auf den Palmenstrand bestens versorgt.

MATHESON HAMMOCK, *9610 Old Cutler Road, Coral Gables, FL 33156. Geöffnet von Sonnenaufgang bis Sonnenuntergang. Parkgebühr ab $ 5 pro Auto.*

Kinderfreundliche Badeplätze

John Pennekamp State Park

Der richtige Ort zum Schnorcheln

Vielleicht gibt es schönere Strände mit feinerem Sand und grüneren Palmen in Florida und auch auf den Keys. Den **JOHN PENNEKAMP CORAL REEF STATE PARK** sollte man dennoch nicht außer Acht lassen, wenn es darum geht, am oder vor allem im Wasser zu entspannen. Von Norden auf der US 1 Richtung Keys findet man den Park am Mile Marker 102.5. Planen Sie einen ganzen Tag ein. Sie wollen einfach nur unter Palmen relaxen? Dann ist der **FAR BEACH** genau richtig für Sie. Ein bisschen mehr Aktivität sollte es aber schon sein? Ein toller Tipp für die ganze Familie sind die **BOOTE MIT GLASBODEN**, die Fahrten zum hauseigenen Korallenriff anbieten *[Erw. $ 24, Kinder (unter 12 J.) $ 17].* Da sind die Fische wirklich zum Greifen nah! Schnorchler peilen den **CANNON BEACH** an und erkunden das nachgebaute Wrack einer spanischen Galeone. Es gibt auch **GEFÜHRTE SCHNORCHELTOUREN** *[Anmeldung erforderlich unter Tel. +1-305-451 63 00, www.pennekamppark.com. Die Touren starten sechsmal täglich von 9 bis 16.30 Uhr. Erw. $ 29,95, Kinder (unter 18 J.) $ 24,95. Tauchermasken sowie Flossen können für jeweils $ 2 gemietet, Schnorchel für $ 5 gekauft werden.].* Und auch an Land gibt es so einiges zu entdecken: Der Mangrove Loop etwa führt vier Kilometer über einen Bohlenweg durch die Mangrovensümpfe.

JOHN PENNEKAMP CORAL REEF STATE PARK, *102601 Overseas Highway (MM 102.5), Key Largo, FL 33037. Parkgebühr von $ 2 bis $ 8 pro Auto.*

Achtung, Zusatzkosten!

„Ein Schnäppchen", denken Sie und plötzlich kommt die Rechnung mit der Tax. In den USA müssen Sie, anders als in Deutschland, bei den Preisen immer nachprüfen, ob die Steuern bereits inkludiert sind, denn einige Preisangaben werden ohne Taxes angegeben. Da kommt dann je nach Bundesstaat und County gern noch mal eine ordentliche Summe dazu. Und auch bei den Parktickets sind die Preise nicht immer final. Nehmen Sie die Angaben besser genau unter die Lupe!

Passe-a-Grille

Vom amerikanischen Reisebewertungsportal TripAdvisor (www.tripadvisor.com) wurde **ST. PETE** – damit ist die gesamte Küste rund um St. Petersburg gemeint – 2016 unter die Top 25 der US-Beaches gewählt. Der südlichste Spot des Strandgeländes heißt **PASSE-A-GRILLE** und erinnert mit seinen Dünen und Gräsern ein kleines bisschen an die Nordseeinsel Sylt – nur ist es hier bedeutend wärmer. Orientieren Sie sich am „Pink Palace", dem **HOTEL**

DON CESAR *[3400 Gulf Boulevard, St. Pete Beach, FL 33706, Tel. +1-727-360 18 81, Reservierungen unter Tel. +1-800-282 11 16]* und halten Sie sich südlich. Am Passe-a-Grille gibt es keine Lifeguards, das Wasser ist aber flach und sanft, somit auch für kleinere Kinder gut geeignet. Achten Sie im Sommer unbedingt auf Schildkröten, die ihre Nester im Sand bauen. Die Tiere stehen unter Naturschutz.

ANFAHRT: *Geben Sie 3400 Gulf Boulevard, St. Pete Beach, FL 33706 in den Navi ein und fahren Sie weiter südlich. Der Strand erstreckt sich über 22 Blocks ab der 22nd Avenue.*

Kinderfreundliche Badeplätze

Life is a Beach in St. Pete

Sanibel Island

Eigentlich ist die gesamte Insel **SANIBEL** im Golf von Mexiko vor Fort Myers ein einziger Strand. Allerdings gibt es nur fünf „public accesses", öffentliche Zugänge, zum Wasser mit den dazugehörigen

Das Sanibel Island Lighthouse

Auf dem Drahtesel über die Inseln

Die Inseln der Westküste sind bedeutend ruhiger und weitläufiger als die angesagten Keys im äußersten Süden Floridas. Die Uhren scheinen hier ein wenig langsamer zu ticken. Auf Sanibel Island kann sogar auf das Auto verzichtet werden, denn meilenweite Fahrradwege und diverse Fahrradverleiher wie **FINNIMORE'S** laden zu ausgedehnten Fahrten über die Insel bis nach Captiva Island ein. Kinderräder, Fahrräder mit Kindersitz, Tandems … je origineller, desto besser! Auch Familienkutschen können Sie bei Finnimore's mieten. Ein Fahrrad für einen Tag gibt es ab ca $ 13.
2353 Periwinkle Way (im Winds Center), Sanibel Island, FL 33957, Tel. +1-239-472 55 77, www.finnimores.com. Tägl. 9-16 Uhr, siehe auch Seite 107.

Parkplätzen, einen am südlichsten Teil der Insel, nur wenige Schritte vom Wasser entfernt. Wer Appetit auf eine leckere Stärkung hat, geht ins **LIGHTHOUSE CAFÉ** *[362 Periwinkle Way, Sanibel Island, FL 33957, Tel. +1-239-472 03 03, www.lighthousecafe. com. Tägl. 7-15 u. 17-21 Uhr]*, wo es laut eigener Aussage des Restaurants das „beste Frühstück der Welt gibt". Probieren Sie's mal aus!

Die Strände der ruhigen und naturbelassenen Insel Sanibel sind kilometerlang

Muscheln sammeln

Breit und in herrlichem Hellbeige erstreckt sich der Strand bis an die Nordspitze der Insel. Das Wasser ist sanft und kommt in leichtem Blau mit kleinen weißen Schaumkrönchen daher. Manchmal haben Himmel und Wasser hier genau die gleiche Farbe und das Weiß der Schaumkronen spiegelt sich in den Wolken wider. Hier kann man wunderbar entspannen, z. B. beim Muschelnsammeln. Denn die findet man hier in der ganzen Palette: Giant Heart Cockle, Buttercup Lucine, Florida Cone und die berühmte Calico Scallop, eine Muschel, die nicht nur dank „Manche mögen's heiß" Geschichte schrieb. Es gibt auch noch die Lightning Whelk, eine sehr große Schneckenart mit linksgewundenem Gehäuse. Sollten Ihre Kinder gar nicht genug von den Sammlerstücken bekommen, überlegen Sie doch, im kinderfreundlichen **SUNDIAL BEACH RESORT & SPA** *[1451 Middle Gulf Drive, Sanibel Island, FL 33957, Tel. +1-239-395 6008, www.sundial resort.com]* ein Zimmer zu buchen. Dieses kürzlich renovierte Resort direkt am Strand lockt Familien täglich mit Aktivitäten. Ob Tischtennisturniere, T-Shirts färben, Muscheln bemalen … Hier in vorderster Reihe am feinen Sandstrand fühlt sich die ganze Familie wohl. Teenager setzen sich beim Beachvolleyball in Szene, die Kleinen basteln in der Activities Hut Drachen, während Mama im Spa oder im Fitnesscenter entspannt. Und Papa? Der kann endlich mal Golf oder Tennis spielen. Zum Sunset stellt sich nur die Frage, in welchen der fünf Pools man springen soll – oder doch lieber ins Meer?

ANFAHRT: *Über den McGregor Boulevard und die Sanibel Causeway Road führt der Weg vom Festland auf die Insel und den Periwinkle Way. Für die Nutzung der Brücke müssen Sie $ 6 zahlen.*

Clearwater Beach

PIER 60 ist definitiv der „place to be", also ein Ort, den man nicht verpassen sollte. Was für ein Stranderlebnis! Echte Piratenschiffe fahren am Horizont, ganz so als läge Captain Jack Sparrow da draußen auf der Lauer. Der Strand ist herrlich breit und der Sand fein und fast weiß. Das Wasser im **GOLF VON MEXIKO** ist ein paar Grad wärmer als am Atlantik und viel sanfter. Leider gibt es am Strand von **CLEARWATER** wenig Schatten spendende Palmen oder Bäume. Achten Sie auf Schilder, die oben am Strand nahe der Straße und den Parkplätzen stehen. Für $ 25 können Sie für den ganzen Tag einen Schirm mit zwei Stühlen ausleihen. Für Kinder gibt es einen riesigen Spielplatz, auf dem jede Menge Klettergerüste und andere Herausforderungen warten. Sollte das zum Austoben noch nicht reichen, stehen zwei aufgepumpte, meterhohe Wasserrutschen bereit. Kaufen Sie am besten eine Tageskarte für ca. $ 20, dann kann Ihr Kind die herrliche Rutsche, so häufig es möchte, herunterjagen. Natürlich ist an diesem Strand alles vorhanden, was das Elternherz begehrt: Toiletten, Duschen, Parkplätze, Restaurants, Souvenirshops und eine entzückende kleine Marina gleich beim Parkplatz.

Leckerer Fisch, schlaue Delfine und ein hungriger Hai

Mögen Sie Fisch? Dann werfen Sie doch mal einen Blick auf die Karte von **CRABBY BILL'S** *[37 Causeway Boulevard, Clearwater Beach, FL 33763, Tel. +1-727-210 13 13, www.crabbybills.com. So-Do 11-22, Fr, Sa bis 23 Uhr]*. Jetzt aber Action! Wie wär's mit

Clearwater Beach: Manchmal erscheint Jack Sparrow am Horizont

... und danke für den Fisch!

Ein perfekter Blick auf einen meist spektakulären Sonnenuntergang, Livemusik und dazu eine große Auswahl an frischem Fisch, Sandwiches und einem Küchenmix, den das Restaurant Floribbean Style nennt. Probieren Sie die She Crab Soup und die Ceviche. Und Ihre Kinder? Die essen Burger oder nehmen sich etwas vom Kid's Menu. **FRENCHY'S ROCKAWAY GRILL**, *7 Rockaway Street, Clearwater, FL 33767, Tel. +1-727-446 48 44, www.frenchysonline.com/ locations/frenchys-rockaway. So-Do 11-24, Fr, Sa 11-1 Uhr.*

spannenden **DELFINBEOBACHTUNGEN** auf hoher See? Chancen, die schlauen Tiere in freier Wildbahn zu sehen, stehen gut *[Mega Bite Dolphin Cruise, 25 Causeway Boulevard, Clearwater Beach, Slip #7, FL 33767, Tel. +1-727-724 42 99, www.clearwatersharkboat. com. Erw. $ 21,50, Kinder (3-12 J.) $ 14,02]*. Mit einem Boot, das wie ein hungriger Hai aussieht, geht es hinaus in die Bucht. Wer dann doch lieber Pirat sein möchte, der entert **CAPTAIN MEMO'S PIRATE CRUISE** *[Clearwater Marina, 25 Causeway Boulevard, Clearwater Beach, FL 33767, Tel. +1-727-446 25 87, www.captainmemo. com. Erw. $ 36, Jugendliche (13-17 J.) $ 31, Kinder (bis 12 J.) $ 28 oder (bis 2 J.) $ 11]* und sticht mit einer Horde wild gewordener Seeräuber in die See.

Von Kleinartisten und Lebenskünstlern

Sunsetter treffen sich bereits zwei Stunden vor dem Sonnenuntergang am Pier 60 und schauen dem bunten Treiben von Kleinartisten und anderen Lebenskünstlern zu. Kennen Sie den grünen Blitz? Ein seltenes optisches Phänomen, nach dem überall an den Küsten Amerikas Abend für Abend Ausschau gehalten wird (siehe auch Tour 8, Seite 74).

ANFAHRT: *Geben Sie Pier 60, 1 Causeway Boulevard, Clearwater Beach, FL 33767 in das Navi ein. Weitere Infos: Tel. +1-727 449 10 36, www.sunsetsatpier60.com.*

Flüchtige Kunstwerke im Sand

PIER 60 SUGAR SAND FESTIVAL ist ein zehn Tage andauerndes Strandspektakel mit jeder Menge Aktivitäten für Groß und Klein. Ob Kinderspielecke, Straßenkünstler, Feuerwerke und Workshops zum Thema „Meine eigene Sandskulptur". Bringen Sie eine Decke mit und machen Sie es sich mit Ihren Lieben bequem am Puderzuckersandstrand. Wer allerdings die Meisterwerke der Könner auf und aus Sand gebaut bestaunen möchte, der zahlt $ 10 als Erwachsener und bis 18 Jahre $ 6 Eintritt für „The Sugar Sand Walk Exhibit".
www.sugarsandfestival.com

Kinderfreundliche Badeplätze

31

Bowman's Beach

Ein merkwürdiges Bild bietet sich den Neuankömmlingen am **BOWMAN'S BEACH**: Alle Spaziergänger laufen oder stehen vor- und runtergebeugt, die Hand im Sand. Diese Haltung nennt man „stoopen". Stooper sind Menschen, die an den Stränden von **SANIBEL ISLAND** Muscheln sammeln. Der Bowman's Beach hoch oben an der nördlichen Spitze Sanibels ist die Nummer 1, das

Muschelsucher am Bowman's Beach

Fette Beute

Damit die Muschelausbeute auch wirklich exquisit ist, gibt es ein paar kleine Tricks, die Sie unbedingt beachten sollten: Sammeln Sie am besten eine Stunde vor oder eine Stunde nach „low tide", also Ebbe. Prächtige Exemplare finden sich auch 24 bis 48 Stunden nach einem Sturm. Vergessen Sie nicht einen großen Beutel für die Schätze – und stoopen Sie!

wahre Dorado für Fans von besonders schönen und außergewöhnlichen Muscheln. Am 17. Februar 2012 hatten sich hier sogar Hunderte Stooper zusammengefunden, um in das Guinnessbuch der Rekorde aufgenommen zu werden. Erfolgreich!

Am Wasser wandern

Doch Bowman's Beach ist nicht nur fürs Muschelnsammeln einzigartig. Meilenlanger, weißer Sandstrand lädt zum Wandern ein und das Wasser mit seinen sanften Wellen und dem flach abfallenden Ufer ist besonders für kleine Kinder geeignet.

Wenn dann am Abend die Sonne direkt vor Ihrer Nase ins Meer fällt, entdecken Sie vielleicht noch eine ganz seltene Muschel.

ANFAHRT: *Richtung Norden über die Sanibel-Captiva Road, dann den Schildern zum Bowman's Beach Parking folgen. Parkgebühr $ 4 pro Std.*

③

ZEHN TOUREN, DIE ALLEN SPASS MACHEN

Tour 1: Im Sonnenschein quer durch Orlando

I-RIDE TROLLEY ● MINIGOLF PIRATE'S COVE ● TGI FRIDAYS ● MINUS 5 EXPERIENCE ● HELIKOPTERFLUG ● BASEBALLSPIEL ● SLING SHOT

WO: *mitten in Orlando entlang des International Drive* – **WIE:** *mit dem Trolley-Bus und/oder dem eigenen Auto* – **DAUER:** *Tagesausflug* – **NICHT VERGESSEN:** *Sonnenschutz, Trinkwasser und Kamera*

Ein sonniger Tag in Orlando: Ihre Familie schwebt in erwartungsvoller Vorfreude auf die Dinge, die da kommen sollen, und ein Programm, das sich sehen lassen kann. Orlando hat neben sieben großen und tagesfüllenden Freizeitparks auch über 100 kleinere – und nicht minder spannende – Attraktionen im Angebot. Möchten Sie vielleicht auch mal einen ganzen Tag ohne Auto verbringen? Das ist in „The City Beautiful", der schönen Stadt, wie die Florida-Metropole auch liebevoll genannt wird, kein Problem. Kaufen Sie sich für $ 5 pro Person ein **I-RIDE-TROLLEY-TAGESTICKET** *[www.iridetrolley.com, siehe Kasten Seite 104]* – Kinder von 3 bis 9 Jahren zahlen in Begleitung eines Erwachsenen $ 1. Kleiner Tipp: Drucken Sie sich den I-Ride-Trolley-Fahrplan bereits vor der Reise aus, Sie finden ihn online *[www.iridetrolley.com/pdf/marker-map.pdf]*. Dann kann es jederzeit losgehen. Orlando wartet schon!

Minigolfen mit Piraten

PIRATE'S COVE ADVENTURE GOLF *[8501 International Drive, Orlando, FL 32819, Tel. +1-407-352 73 78, info@puttingforpatriots.com, www.piratescove.net. Tägl. 9-23.30 Uhr. Z. B. Captain's Course Erw. $ 13,50, Kinder (bis 12 J.) $ 11,95, beides plus Tax (siehe Kasten Seite 26)]*, eine Minigolf-

Hier wird Minigolf zum Abenteuer

Erster sein!

Eine Stunde vor dem regulären Parkeinlass kommen z. B. Gäste der Universal-Orlando-Resort-Hotels in den Genuss der **EARLY PARK ADMISSION** und dürfen bereits vor dem großen Ansturm The Wizarding World of Harry Potter (Seite 92) betreten. Das 2016 eröffnete Loews Sapphire Falls Resort richtet sich ausdrücklich nach den Bedürfnissen der jungen Gäste und lockt mit 77 Familiensuiten ins karibisch anmutende Ambiente.
LOEWS SAPPHIRE FALLS RESORT, *6601 Adventure Way, Orlando, FL 32819, Tel. +1-888 430 49 99, www.loewshotels.com.*

onen weiter an der I-Ride-Trolley-Station 17 North bei **TGI FRIDAYS** *[8955 International Drive, Orlando, FL 32819, Tel. +1-407-903 95 56, www.tgifridays.com. Tägl. 11-2 Uhr].* Ob Salat oder kleine Appetizer, ob saftiger Burger oder gut abgegangenes Angus-Steak – auf der umfangreichen Karte findet sich immer etwas Köstliches. Kinder können aus dem „kid's menu", der Kinderkarte, wählen. Und bekommen, wie in allen amerikanischen Restaurantketten, gleich Malstifte und Papier auf den Tisch gelegt. Eltern freuen sich in den meisten TGI Fridays über eine freie und kostenlose Wi-Fi-Verbindung. Doch bei all den Nebenbeschäftigungen verpassen Sie bloß nicht die „Brownie Obsession", ein unglaubliches Dessert. Eine Portion reicht übrigens locker für

anlage der Extraklasse, erwartet Sie mit abenteuerlichem Spaß, „swashbuckling fun", an der I-Ride-Trolley-Station 15 North. Es ist ein wahres Juwel: Hier erwachen die legendären Gestalten einstmals gefährlicher Piraten wieder zum Leben, liegen die Schätze tief vergraben, wird durch unheimliche Höhlen hindurch und an rauschenden Wasserfällen vorbei gespielt, hier rollt der Ball unter Seeleuten hindurch, die faul in Hängematten abhängen, den Berg hinunter oder landet in üppiger Dschungelvegetation. Da wird das Minigolfen fast zur Nebensache. Aber auch nur fast!

Kleinigkeit zwischendurch
Zum Mittagessen empfiehlt sich ein ungezwungener Besuch zwei Stati-

Kindermenü umsonst

In fast allen Restaurants in Florida gibt es für Kinder eine Extrakarte (**KID'S MENU**), die Portionen und Gerichte für Kinder bis 10 oder auch 12 Jahre anbietet. In einigen Restaurants gibt es spezielle Tage, an denen Kinder ganz umsonst essen, wenn die Eltern dort ebenfalls speisen und sich die Kleinen etwas von der Kinderkarte aussuchen. Auf der Website www.mykidseatfree.com finden Sie Informationen, welches Restaurant an welchem Tag kostenloses Essen für Kinder anbietet.

Zehn Touren, die allen Spaß machen

vier Personen. Und wussten Sie eigentlich, wofür TGI Fridays steht? Ganz genau: Thank God It's Friday!

Family-Fun

Nun geht es entweder zu Fuß weiter oder Sie springen an Station 17 North auf den I-Ride Trolley und hüpfen bei Station 18 am Pointe Orlando gleich wieder runter. Im **MINUS 5 EXPERIENCE** *[Pointe Orlando, 9101 International Drive, Suite 1198, Orlando, FL 32819, Tel. +1-407-704 69 56, www.minus5 experience.com. Mo-Do 17-24, Fr-So 16-24 Uhr. Erw. $ 22, Kinder (5-12 J.) $ 10]* wird's richtig cool. Hier ist alles aus Eis; die Wände, die Bar, die Sitze und natürlich auch die Gläser, aus denen zumindest Erwachsene ab 21 Jahren ihre Cocktails genießen. Keine Angst, die Kinder müssen nicht draußen bleiben. Ein wirklich cooles Erlebnis und an heißen Tagen eine willkommene Abkühlung!

Aus der Vogelperspektive

Ebenfalls an der I-Ride-Trolley-Station 18 wartet schon ein weiteres abgehobenes Erlebnis. Wie wäre es mit einem Helikopterflug? **AIR FLORIDA HELICOPTER CHARTERS INC.** *[8990 International Drive, Orlando, FL 32819, Tel. +1-407-354 14 00, www.airfloridahelicopter.com. Tägl. 9.30 Uhr bis Sonnenuntergang. Keine Reservierungen]*. Zu teuer? Günstiger als gedacht! Für $ 20 pro Person, also unter $ 100, kann eine vierköpfige Familie abheben und sich während eines 8-Meilen-Flugs u. a. SeaWorld, Discovery Cove oder Orange County Convention Center aus der Vogelperspektive anschauen. Wie wär's? Trauen Sie sich? Es ist schon ein irres

Alles bio oder was?

Bio-Sushi, Bisonsteak, gewaschener und fertig gezupfter, ökologisch korrekt angebauter Salat, Holzbretter aus schnell wachsendem Bambus, T-Shirts aus Bio-Baumwolle, Kosmetik, die nicht an Tieren ausprobiert wurde, Tee, der fair gehandelt wird – die Produktliste liest sich politisch korrekt und appetitanregend. In den **WHOLE FOODS MARKETS**, einer „Organic Supermarket Chain", also einer Bio-Supermarktkette, finden umweltbewusste Kunden seit 1980 ein üppiges und stetig wachsendes Angebot. Ein echter Gegentrend zu den Junkfood- und Burgerbuden in den Vereinigten Staaten. Selbstversorger sollten unbedingt online nachschauen, ob einer der angesagten Supermärkte in ihrer Nähe liegt. *In Florida z. B.: 8003 Turkey Lake Road, Phillips Crossing, Orlando, FL 32819, Tel. +1-407-355 71 00, www.wholefoodsmarket.com. Tägl. 8-22 Uhr.*

Gefühl, wenn der Helikopter senkrecht nach oben in die Luft startet. Und bei klarer Sicht haben Sie dann den totalen Über- und Durchblick.

Baseball: Amerikas Volkssport

Für den nächsten Stopp brauchen Sie nun doch das Auto. Etwa 10 Meilen, also gut 20 Minuten, dauert die Fahrt zum **ESPN WIDE WORLD OF SPORTS COMPLEX** und Ihrem Besuch der wohl uramerikanischsten und zweitbeliebtesten Sportart der Vereinigten Staaten. Die Kinder beginnen fast noch im Krabbelalter, sich dafür zu begeistern. Mütter, Väter und Großeltern sitzen gemeinsam am Spielrand. Eine umfangreiche Major League *[www.mlb.com]* lockt die Amerikaner in die Stadien und vor die Fernsehapparate, wenn große Teams wie die Yankees aus New York oder die Braves aus Atlanta spielen.

Sitten und Gebräuche der Einheimischen

Auch wenn Sie keine Ahnung von den Regeln haben, sollten Sie dennoch zumindest einmal ein Spiel besuchen. Es gibt wohl kaum einen Ort, an dem man die Einheimischen so gut kennenlernt wie in einem Baseballstadion. Sämtliche Altersgruppen sitzen bunt durcheinandergewürfelt, nebenbei werden Hotdogs, Burger und auch

mal Bier verzehrt. Gibt es einen Home Run, spielt die Musik auf. Besonders beliebt bei den Amerikanern ist die Kiss Cam. Sollten Sie also Ihr eigenes Antlitz auf dem Riesenbildschirm im Stadion erkennen, dann müssen Sie Ihren Partner oder Ihr Kind küssen. Auch das ehemalige Präsidentenpaar Barack und Michelle Obama hat die Kiss Cam schon mal eingefangen. Die Devise lautet unter allen Umständen: mitmachen! Sind Sie im Frühjahr vor Ort, verpassen Sie nicht das **BASEBALL SPRING TRAINING**, also die Frühjahrstrainingsspiele, der Atlanta Braves *[ESPN Wide World of Sports, 700 South Victory Way, Kissimmee, FL 34747, Tel. +1-407-541 56 00, www.espnwwos.com]*.

Abendspaziergang

Zurück zum International Drive, der abends ein kleines bisschen wie Las Vegas leuchtet. Bei milden Temperaturen schlendert es sich herrlich die Straße entlang. Viele Krims-

Ein echtes Urlaubshighlight: ein Baseballspiel live erleben

krams- und Souvenirgeschäfte haben noch geöffnet. Günstige T-Shirts und andere Andenken können hier preiswerter als etwa in den großen Parks gekauft werden. Sollten Sie in Shoppingmalls bereits zugeschlagen und Bedenken wegen Ihres Koffervolumens haben – auch günstige Reisetaschen gibt es hier zu kaufen.

Adrenalinkick vorm Schlafengehen

Vielleicht braucht Ihre Familie als Krönung eines gelungenen Urlaubstags mit vielerlei Erlebnissen jetzt aber doch noch einen adrenalingeladenen Absch(l)uss. Den gibt es in Orlando im MAGICAL MIDWAY THRILL PARK *[7001 International Drive, Orlando, FL 32819, Tel. +1-407-370 53 53, www.magicalmidway.com. Tägl. 12-24 Uhr]* an der I-Ride-Trolley-Station 8 North. Die weltgrößte „sling shot", also Schleuder, bringt Ihren Kreislauf in Wallung und Ihr Herz zum Hämmern *[$ 25 pro Abflug und pro Person, zusätzlich mit Video und T-Shirt $ 50]*. Schnallen Sie sich und Ihre Liebsten an, lehnen Sie sich zurück und erleben Sie beim Abschuss einen Moment der Schwerelosigkeit. 120 Meter über dem Boden haben Sie einen wirklich prächtigen Rundumblick auf das nächtliche und hell erleuchtete Orlando sowie den International Drive – na ja, vorausgesetzt, Sie trauen sich, überhaupt die Augen zu öffnen. Definitiv nicht jedermanns Sache. Wer nicht mag, bleibt auf dem Boden und wundert sich über die vielen Mutigen, die sich verzweifelt, überrascht, jubelnd oder auch ekstatisch in der lauen Nacht am International Drive in Orlando die Seele aus dem Leib schreien.

Kreuzfahrten in die Karibik oder auf die Bahamas

„Alle Mann an Bord!" kann es für die ganze Familie heißen, wenn Sie sich dazu entschließen, eine Kreuzfahrt zu buchen. Die großen Kreuzfahrthäfen Port Canaveral, Fort Lauderdale und Miami bieten jede Menge Traumreiseziele an.

Wie wäre es zum Beispiel mit der „Norwegian Epic", einem der größten Kreuzfahrtschiffe der Welt? Buchen Sie sich als Familie mit einem oder zwei Kindern eine der schicken Balkonkabinen, die sind nicht nur praktisch und modern, sondern auch gemütlich mit Sofa und Flatscreen, Schreibtisch und Dusche ausgestattet. Dazu diverse Freizeitvergnügen wie eine überdimensionale Wasserrutsche auf dem Pooldeck, eine Kletterwand fürs Freeclimbing, ein Kids- und Teenager-Club, 20 Restaurants und sogar eine Icebar. Essen ist inklusive und ein Besuch bei der Blue Man Group im Epic Theater ebenfalls. Eine 4-Tage-Route ab/bis Port Canaveral Richtung Bahamas mit Stopp in der Inselhauptstadt Nassau und auf Great Stirrup Cay und zurück gibt es für eine vierköpfige Familie mit den Kindern in der Kabine der Eltern ab ca. € 521 pro Person. Infos unter www.ncl.de.

Tour 2: Orlando im Regen

BELIEVE IT OR NOT! • WONDERWORKS • BAHAMA BREEZE • IFLY • MONKEY JOE'S AT POINTE ORLANDO • PUTTING EDGE ORLANDO

WO: *Orlando, rund um den International Drive –* **WIE:** *mit dem I-Ride Trolley oder auch zu Fuß –* **DAUER:** *Tagesausflug –* **NICHT VERGESSEN:** *Socken für Monkey Joe's at Pointe Orlando, Regenjacke, Regenschirm*

Florida ist der Sunshine State – schon klar. Trotzdem gibt es auch hier ab und zu Tage, an denen das Wetter mal nicht passt, es sogar regnen kann. Und dann? Was macht man mit Kindern in einem Sonnenstaat, wenn die Sonne nicht so recht will? Nun, natürlich Familienprogramm, allerdings nur indoor. Und, Sie werden es kaum glauben, auch überdacht hat Orlando ein äußerst vielfältiges Programm anzubieten.

Glaub's oder glaub's nicht!
Am International Drive, am I-Ride-Trolley-Stopp 12 North, ist **RIPLEY'S BELIEVE IT OR NOT! ODDITORIUM** kaum zu übersehen, das Anwesen scheint auf Sand gebaut und ist schon ein kleines bisschen eingesunken. Eine wirklich schräge Geschichte! Aber haben Sie keine Bedenken –

das Gebäude ist komplett stabil, auch wenn das kaum zu glauben ist *[8201 International Drive, Orlando, FL 32819, Tel. +1-407-345 05 01, www.ripleys.com/orlando. Tägl. 9-24 Uhr. Erw. $ 19,99, Kinder (3-11 J.) $ 13,99, Rabatt bei Onlinebestellung: Erw. zahlen $ 3, Kinder $ 2 weniger].* Hereinspaziert in ein Haus voller unglaublicher Geschichten. Nehmen Sie Platz auf einem Riesenstuhl, der

Neben Wadlow (2,72 Meter) sind die Kids Zwerge

Zehn Touren, die allen Spaß machen

jeden noch so großen Erwachsenen zum Kleinkind macht. Messen Sie sich oder Ihre Zwerge mit Robert Wadlow, dem größten Mann der Welt, der ganze 2,72 Meter groß war und 222 Kilo auf die Waage brachte. Erschrecken Sie nicht beim Anblick von Schrumpfköpfen und einem Schlangenmenschen mit gespaltener Zunge. Vielleicht versuchen Sie mal, das typische Touristenehepaar zu finden, das hier irgendwo im Haus herumläuft – aber passen Sie auf, dass Sie bloß nicht ins Bild rennen. Das mögen die beiden nämlich gar nicht. Nehmen Sie anschließend die Treppen und staunen Sie über Gemälde aus Toastscheiben, über ein Porträt der Popdiva Beyoncé aus Zucker, ein Modell des kleinen Roboters aus „Wall-E", das aus gebrauchten Autoteilen nachgebaut wurde, und über jede Menge andere Merkwürdigkei-

ten. Auch die optisch täuschenden Kunstwerke von M. C. Escher mit schwarz-weißen Echsen oder ewig aufsteigenden Treppen sind immer für einen zweiten Blick gut.

Hals über Kopf

Ein paar Stationen weiter, an der I-Ride-Trolley-Station 18 North, haben Sie dann ein plötzliches Déjà-vu-Erlebnis. Das kennen Sie doch … Waren Sie nicht eben schon dort? Schauen Sie mal ganz genau hin. Fragen Sie Ihre Kinder, ob sie es wiedererkennen. „Nein, Mami, dieses Haus versinkt doch nicht im Boden, dieses hier steht auf dem Kopf! Das ist doch ganz anders!" Na ja, auf den ersten Blick erscheint die Villa von **WONDERWORKS** zumindest uns Eltern ähnlich schräg, ist aber doch vollkommen anders *[9067 International Drive, Orlando,*

Ganz schön verrückt: WonderWorks, eine Art Museum für Ungewöhnliches

Saftig und lecker!

Schon auf dem Parkplatz des **BRICK HOUSE** duftet es derart gut, dass einem das Wasser im Munde zusammenläuft. Auf der Karte stehen zarte Steaks, saftige Burger und leckere Desserts wie warme Walnuss-Brownies mit Vanilleeis. Wer mag, nimmt auf der Terrasse Platz. Sollte es zu kühl sein, wärmt ein knisterndes Lagerfeuer. Kinder können sich prima ein Gericht teilen.
8440 International Drive, Orlando, FL 32819, Tel. +1-407-355 03 21, www.brickhouse tavernandtap.com. Mo-Do 11-1, Fr, Sa 11-2, So 11-24 Uhr.

FL 32819, Tel. +1-407-351 88 00, info@wonderworksonline.com, www.wonderworksonline.com/ orlando. Tägl. 9-24 Uhr. Erw. $ 29,99, Kinder (4-12 J.) $ 23,99, je plus Tax]. Nichts wie hinein in diese verkehrte Welt. Erleben Sie gemeinsam, wie sich ein Hurrikan anfühlt. Halten Sie sich bloß fest! Und haben Sie schon mal ein Erdbeben miterlebt? WonderWorks macht's möglich und Sie müssen dabei gar keine Angst haben. Nehmen Sie einfach Platz im Erdbebensimulator! Ihr Kind möchte so gern Astronaut werden? Dann soll es doch den Kopf schon mal fürs Erinnerungsfoto in einen Astronautenanzug stecken. „Cheese!", also lächeln, bitte! Haben Sie sich schon immer gefragt, wie bequem ein Fakir auf einem Nagelbett wirklich liegt?

Probieren Sie es aus! Das Geheimnis: nicht bewegen, sonst pikst es. Ein Stück weiter wartet ein dreistöckiger, neonerleuchteter Hochseilgarten. Und lassen Sie den Shop ja nicht links liegen. Es gibt wirklich tolle kleine Geschenke wie etwa den „Magic Worm", einen Wurm am Faden, der sich durch die Finger schlängelt, wenn man den Trick erst mal raus hat. Oder T-Shirts mit dem WonderWorks-Haus zum Ausmalen inklusive wasserlöslicher Stifte. Einmal in die Wäsche gepackt, sind die Klamotten wieder blütenrein und können dann erneut ausgemalt werden. Echte Wunderwerke eben.

Karibik-Feeling
Direkt am International Drive, an der I-Ride-Trolley-Station 16 North, liegt das karibische Restaurant **BAHAMA BREEZE** *[8849 International Drive,*

Pianobar der anderen Art

Wer seine Kinder bereits für zwei Stunden am Abend allein bzw. mit Kinderbetreuung im Hotel lassen kann und Lust hat, zu singen und zu tanzen, der kann sich auf einen spannenden Abend im **HOWL AT THE MOON** freuen, einer mitreißenden Pianobar mit Livemusik von Klassik bis Hip-Hop.
8815 International Drive, Orlando, FL 32819, Tel. +1-407-354 59 99, www.howlatthemoon. com. Tägl. 19-2, Fr ab 18 Uhr.

Orlando, FL 32819, Tel. +1-407-248 24 99, www.bahamabreeze.com. So-Do 11-1, Fr, Sa bis 1.30 Uhr], wo man prima auf der hölzernen Veranda einen stärkenden Zwischenstopp einlegen kann. Probieren Sie unbedingt die Coconut Shrimps und gönnen Sie Ihren Kindern einen der leckeren Shakes. Dazu die karibisch anmutende Musik – spätestens dann scheint sicherlich wieder die Sonne.

iFLY – ich fliege

Leicht, beschwingt und mit einem sonnigen Lächeln auf dem Gesicht, während es draußen womöglich reg-

Einfach mal abheben bei iFLY

net, können Sie in Orlando ganz leicht abheben – auch ohne Flügel. Wo soll denn das gehen? Nur wenige Minuten den International Drive entlang, an der I-Ride-Trolley-Station 18 North, sehen Sie einen großen blauen Turm in den Himmel über Orlando ragen. Es ist die Flugröhre mit Windkanal und Windmaschine von **IFLY** *[8969 International Drive, Orlando, FL 32819, Tel. +1-407-337 43 59, info. ccc@iflyworld.com, www.iflyworld. com. Mo-Do 9-21, Fr-So 8.30-22.30 Uhr. 2 Erstflüge $ 69,95 pro Pers. (ab 3 J.)].* Vereinbaren Sie unbedingt vorher einen Termin, denn diese Flugstunden sind wirklich heiß begehrt und die Warteliste ist meist lang. Haben Sie einen Termin ergattert, heißt es dann vor Ort reinschlüpfen in den schicken Fliegeranzug und die Fliegerbrille fix auf die Nase gesetzt. Eine kurze Instruktion, die Sie Ihren Kindern eventuell übersetzen sollten, und dann geht's auch schon mit ausgebreiteten Armen und Beinen rauf auf den Windzug – Sie fliegen!

Affenalarm in Orlando

Wenn Ihre Kleinen lieber noch nicht fliegen möchten, ist **MONKEY JOE'S AT POINTE ORLANDO** *[9101 International Drive, Orlando, FL 32819, Tel. +1-407-352 84 84, www. monkeyjoes.com/pointe-orlando. Mo-Do 10.30-20, Fr 10.30-20, Sa 10-22, So*

Crocodile Dundee für einen Tag

Keine Angst vor Riesenechsen? Dann ist dies eventuell eine gute Idee für die größeren Kinder ab 12 Jahren, die können im **GATORLAND** einen Tag lang als Reptilien-Trainer „arbeiten". Das Programm „Trainer-For-A-Day" muss allerdings mindestens 24 Stunden vorher angemeldet werden und kostet $ 139 extra. Der Themenpark widmet sich dem Leben dieser missverstandenen Geschöpfe und bietet den Besuchern eine Möglichkeit, seine tierischen Stars näher kennenzulernen. Zu den Aufgaben eines „Jungtrainers" gehört es u. a., die schweren Tiere von einem Ort zum anderen zu bewegen und den erwachsenen Trainern bei ihren Aufgaben zu helfen. Ein unvergessliches Erlebnis, von dem man allen Freunden zu Hause noch lange berichten kann! Zum Abschluss erhalten die mutigen Teilnehmer ein Zertifikat. Mehrmals täglich können Sie tolle Shows wie z. B. „Gator Jumparoo" oder „Gator Wrestlin'" besuchen.
14501 South Orange Blossom Trail, Orlando, FL 32837, Tel. +1-407-855 54 96, customerservice@gatorland.com, www.gatorland.com. Tägl. 10-17 Uhr. Erw. $ 26,99, Kinder (3-12 J.) $ 18,99.

11-20 Uhr. Erw. frei, Kinder (ab 3 J.) $ 12,99 oder (unter 2 J.) $ 6,99], ein bunter, aufblasbarer Indoorspielplatz, sicherlich eine gute Alternative und nur wenige Schritte entfernt. Denken Sie daran, saubere Socken für die kleinen Füße parat zu haben. Hier dürfen Sie Ihre Kinder (bis 12 J.) in die erfahrenen Hände der Monkey-Joe's-Mitarbeiter geben. Und während sich die Kleinen dann mal so richtig austoben, in der aufgeblasenen Hüpfburg rutschen und klettern, schreien und brüllen – kurz: herumtollen wie kleine Affen –, lehnen Sie sich einfach zurück und genießen den einen Moment der Ruhe in der Elternlounge mit kostenlosem Wi-Fi und Computerstationen. Denn ja, manchmal brauchen auch Eltern eine Auszeit. Besonders im Urlaub, wenn sie die lieben Kleinen den ganzen Tag an der Backe haben.

Geht noch eine Runde Minigolf?

Können Sie noch? Oder ist die Luft raus? Wenn Ihre Kleinen keine Energie mehr freisetzen können, ist der Ausflug hiermit wohl beendet. Sollte aber noch genügend Power bis zum verdienten Schlaf vorhanden sein, ist eine Runde Minigolf in einer illuminierten Parallelwelt eventuell genau richtig. Das **PUTTING EDGE ORLANDO** an der I-Ride-Trolley-Station 2 North ist ein kunterbuntes Freizeitvergnügen, bei dem alle mitmachen können *[Artegon Market Place, 5250 International Drive, Orlando, FL 32819, Tel. +1-407-248 07 00, info@ puttingedge.com, www.puttingedge. com. Mo-Do 14-22, Fr, Sa 11-24, So 11-22 Uhr. Erw. $ 12,50, Kinder (bis 12 J.) $ 10,50, jeweils plus Tax].*

Zehn Touren, die allen Spaß machen

Tour 3: Bus, Boot & Eisenbahn

**DIVA DUCK AMPHIBIOUS TOURS • SLOAN'S • SHOPPING •
PANERA BREAD • SOUTH FLORIDA SCIENCE CENTER AND AQUARIUM •
FLAGLER MUSEUM • HOTEL THE BREAKERS**

WO: *West Palm Beach und Palm Beach –* **WIE:** *mit dem Auto –* **DAUER:** *Tagesausflug –* **NICHT VERGESSEN:** *Wechselkleidung und angemessene Kleidung für den Abend im Restaurant*

Starten wir den Tag laut und lustig mit den **DIVA DUCK AMPHIBIOUS TOURS** *[600 South Rosemary Avenue, West Palm Beach, FL 33401, Tel. +1-561-844 41 88, Ticketreservierung online unter www.divaduck.com. Tägl. 9-17 Uhr.*

Erw. $ 29, Kinder (5-15 J.) $ 15 oder (unter 5 J.) $ 5], einer etwas anderen Rundfahrt. Nehmen Sie Platz in diesem unglaublichen Gefährt, einer Kreuzung aus Bus und Boot. Und so lautet dann auch der Slogan: „It's a Bus! It's a Boat! It's a Diva Duck!" Die musikalische Stadttour beginnt am City Place in **WEST PALM BEACH** und führt Sie 75 Minuten lang abwechselnd über Land und Wasser. Es geht vorbei an der **SOCIETY OF THE FOUR ARTS**, einem Kulturcenter – übrigens mit einer tollen Kinderbücherei *[2 Four Arts Plaza, Palm Beach, FL*

Originelles Vergnügen: Stadtrundfahrt mit einem Amphibienfahrzeug

Manatees hautnah

Groß, rund und so knuffig sind die Manatees, die Seekühe Floridas, die im Sunshine State besonders in warmen und flachen Quellgewässern zu finden sind. Kaltes Wasser stresst die gemütlichen Tiere nämlich. Es ist herrlich zu beobachten, wie sie sich in Zeitlupe aufeinander zu bewegen und dabei Ruhe und Gemütlichkeit ausstrahlen.
MANATEE LAGOON, *6000 North Flagler Drive, West Palm Beach, FL 33407, Tel. +1-561-626 28 33, www.visitmanateelagoon.com. Di-So 9-16 Uhr. Eintritt und Parken sind kostenfrei.*

33480] –, der Bethesda-by-the-Sea Episcopal Church, einem gotischen Nachbau an der South Country Road, weiter zur für 250 Millionen Dollar restaurierten Hotellegende The Breakers (siehe Seite 49). Merken Sie sich die Lage, denn auch wenn der italienische Renaissancestil im ersten Moment nicht die Aufmerksamkeit der Kinder auf sich zieht, das Breakers hat für die Kleinen ein paar echte Knaller im Angebot. Aber dazu später mehr! Das nächste beeindruckende Gebäude im Beaux-Arts-Stil ist das Henry Morrison Flagler Museum (siehe Seite 48), dem Sie später auf eigene Faust noch ein paar Stunden Ihrer Urlaubszeit schenken sollten. Aber jetzt geht die Fahrt mit dem Diva Duck erst richtig los. Besonders an sonnigen und heißen Tagen beginnt

nun der mehr als angenehme und für Kinder erstaunliche Teil. Das Gefährt geht baden! „Splash!", und ab geht's ins blaue Wasser. Vorsicht mit den Digitalkameras und Smartphones– sie könnten nass gespritzt werden. Jetzt fahren Sie gemütlich den Intracoastal Waterway entlang, vorbei an spektakulären Anwesen und prächtigen Jachten. Auch und gerade von der Wasserseite ist Palm Beach ein beeindruckender Anblick. Und dann klettert der Diva Duck zurück an Land und setzt Sie am City Place in West Palm Beach wieder ab.

Kunterbuntes Treiben

Der Stadtkern von West Palm Beach ist besonders hübsch, samt Kirche und großem Brunnen mutet alles ein bisschen mexikanisch an. Viele Restaurants und Cafés bieten allerlei Ruhemöglichkeiten nach der Land-

Einfach tierisch!

1.400 Tiere aus ganz Amerika, Asien und Australien können Sie in diesem hübsch angelegten Zoo bestaunen. Auf schattigen Wegen flanieren Sie mit den Kids über vorgegebene Pfade, Brücken und Teiche und entlang des hübschen Baker Lakes.
PALM BEACH ZOO, *1301 Summit Boulevard, West Palm Bea[ch], FL 33405, Tel. +1-561-54[... www.palmbeachzoo.org. [...] 9-17 Uhr außer Thanksg[iving] und Christmas. Erw. $ 1[... Kinder (3-12 J.) $ 14,95[...]*

Zehn Touren, die allen Spaß machen

46

Knal[...]

und-Wasserpartie mit dem Diva Duck. Vielleicht haben Ihre Kinder aber auch Lust, einen außergewöhnlichen Süßigkeitenladen zu besuchen. Kunterbunt und wirklich „sweet" ist fast alles bei **SLOAN'S** *[City Place, 700 South Rosemary Avenue, West Palm Beach, FL 33401, Tel. +1-561-833 43 03, www.sloansicecream.com. So-Mi 11-23, Do-Sa 11-24 Uhr].* Kleine Pralinen, Zuckerstangen, Riesenlollis und Jelly Beans in allen Farben und Geschmacksrichtungen, die ein Kinderherz begehrt. Wirklich lustige Sonnenbrillen gibt es auch, etwa für angehende Rockstars mit Gläsern in Gitarrenform. Oder zeigen Sie Florida, wie sehr Sie den Sonnenscheinstaat in Ihr Herz geschlossen haben, und tragen Sie voller Stolz die „Pink Flamingos" auf der Nase spazieren.

...lbuntes und Süßes gibt's bei Sloan's

Guten Appetit

BOB EVANS ist eine US-amerikanische Restaurantkette, die mit dem Slogan „Discover Farm Fresh Goodness" („Entdecke farmfrische Qualität") an die Tische und in die kleinen Läden lockt. Und tatsächlich schmecken die Salate bei Bob Evans ganz besonders knackig und auch die Burger kommen mit frischem Gemüse daher.
7411 West Irlo Bronson Memorial Highway, Kissimmee, FL 34747, US 192, Tel. +1-407-396 85 99, www.bobevans.com. Tägl. 7-22 Uhr.

Allerlei Verführungen
Wer mit seinen Kindern nicht vor dem Betreten des Zuckerparadieses einen Vertrag über die Höhe der Einkäufe abgeschlossen hat, könnte nun ein Problem haben. Also vorbeugen! Wenn die Kleinen mit der Zuckertüte in der Hand gnädig gestimmt und bereit sind, Mami und Papi hinaus aus dem Paradies zu folgen, dann erwarten Sie in Downtown West Palm Beach jede Menge Shoppingmöglichkeiten für alle Familienmitglieder. Vielleicht ein paar coole Sommerhemden für Papi bei **TOMMY BAHAMA** *[City Place, 701 South Rosemary Avenue, Suite 137, West Palm Beach, FL 33401, Tel. +1-561-803 46 96, www.tommybahama.com. Mo-Do 11-21, Fr, Sa 10-22, So 12-18 Uhr]*? Mami lässt sich bei **SEPHORA** *[City Place, 550 South Rosemary Avenue, West*

Im South Florida Science Center wohnen einzigartige Meereskreaturen

Palm Beach, FL 33401, Tel. +1-561-651-76 33, www.sephora.com. Mo-Do 10-21, Fr, Sa 10-22, So 12-18 Uhr] von den neuen Lippenstift- und Nagellackfarben der kommenden Saison inspirieren oder findet bei **FITNESS HUB** [City Place, 700 South Rosemary Avenue, West Palm Beach, FL 33401, Tel. +1-561-408 08 84, www.fitnesshubshop.com. Mo-Sa 10-21, So 12-18 Uhr] ein paar neue Yogapants. Fürs Mittagessen bieten sich reichlich Restaurants an. Bei **PANERA BREAD** [700 South Rosemary Avenue, West Palm Beach, FL 33401, Tel. +1-561-515 37 73, locations.panerabread.com. Mo-Do 6.30-22, Fr, Sa 6.30-23, So 7-21 Uhr] gibt es für Kinder ein frisch zubereitetes Sandwich mit gegrilltem Hühnchen oder ein Gericht von der Kinderkarte. Probieren Sie unbedingt etwas Frisches, zum Beispiel den Strawberry Poppyseed & Chicken Salad – der Salat mit Huhn, Erdbeeren und Mohn schmeckt ganz ausgezeichnet. Panera Bread wird übrigens immer wieder (2013 von health.com und 2017 von thedailymeal.com) zur Liste der gesündesten Fast Food Ketten gezählt.

Astronauten & Seepferdchen

Jetzt gibt es zweierlei Möglichkeiten für einen Museumsbesuch. Das **SOUTH FLORIDA SCIENCE CENTER AND AQUARIUM** [4801 Dreher Trail North, West Palm Beach, FL 33405, Tel. +1-561-832 19 88, www.sfscie org. Mo-Fr 9-17, Sa, So 10 Erw. $ 12, Kinder (bis 12 J tarium und Lasershows ko liegt mitten im Dreher Pa mit spannenden interaktiven und wechselnden Ausstellungen, etwa im Planetarium. Hier können kleine Mädchen und Jungs großen Träumen nachhängen und ganz viel über Astronauten lernen. Nehmen Sie sich Zeit für das einzige Frisch- und Salzwasseraquarium in West Palm Beach und bleiben Sie im Trockenen, während Sie grazile Seepferdchen, riesige Hummer, Skorpion- und Löwenfische sowie andere faszinierende Meereskreaturen in ihrer (fast) natürlichen Umgebung bestaunen.

Amerikanische Geschichte
Sollten Ihre Kinder allerdings eher „Lokomotivführer" auf dem Zukunftsberufsplan angekreuzt haben und Sie gemeinsam außerdem etwas über die Gründung von West Palm Beach lernen möchten, dann sei Ihnen das **FLAGLER MUSEUM** *[1 Whitehall Way, Palm Beach, FL 33480, Tel. +1-561-655 28 33, www. flaglermuseum.com. Di-Sa 10-17, So 12-17 Uhr. Erw. $ 18, Jugendliche (13-17 J.) $ 10, Kinder (6-12 J.) $ 3. Kinder nur in Begleitung eines Erw.]*

Entdeckungstour

Ein schlossartiges Gebäude im Stil einer Renaissancevilla. Denken Sie nicht, dass das nicht auch für Kinder spannend sein könnte. „Exploring Vizcaya with Young Visitors" heißt das Programm, das junge Besucher inspirieren soll, die Villa mit all ihren Schätzen zu entdecken. Goldene Möbel, beeindruckende Skulpturen und der zauberhafte Garten haben schon so manche Prinzessin in ihren Bann gezogen. Schauen Sie im Vizcaya Souvenir Shop vorbei, dort gibt es Trinkflaschen, die im Dunkeln blau leuchten (ca. $ 15). **VIZCAYA MUSEUM & GARDENS**, *3251 South Miami Avenue, Miami, FL 33129, Tel. +1-305-856 81 89. Mi-Mo 9.30-16.30 Uhr, Thanksgiving und 25. Dez geschlossen. Erw. $ 15, Kinder (6-12 J.) $ 6.*

Das Flagler Museum in Palm Beach wird auch Whitehall genannt

Nicht nur luxuriös, sondern auch besonders kinderfreundlich: das Hotel The Breakers

wärmstens empfohlen, denn hier lebt die Geschichte von Henry Morrison Flagler, des Begründers von West Palm Beach, wieder auf. Mister Flagler, der 1830 in New York geboren wurde, war ein echter Pionier seiner Zeit. Als Besitzer einer Eisenbahngesellschaft und Erbauer der Bahnlinie Florida East Coast Railway schuf er eine touristische Infrastruktur, die dem Ort am Atlantik zahlreiche Besucher bescherte. Das Museum erkunden Sie am besten im Rahmen einer zweistündigen Tour. Besonders beeindruckend fanden meine Söhne den Pavillon, in dem Henry Flaglers privater Zugwaggon Nummer 91 steht. Man möchte direkt einsteigen und mit dem luxuriösen Abteilwagen durch ganz Amerika rattern, leider pfeift niemand mehr die Abfahrt des Zuges. Die Railcar No. 91 Train Whistle, die Pfeife, die den passenden Ton liefern könnte, gibt's übrigens für $ 6,95 im Museumsstore.

Kids im Luxushotel? No Problem!

Abenteuer, Museum, Shopping: Der Tag hat sicher alle Familienmitglieder mit Highlights versorgt. Doch ein abschließender Höhepunkt wartet noch. Ein Abendessen im **THE BREAKERS** *[1 South County Road, Palm Beach, FL 33480, Tel. +1-877-602 81 82, www.thebreakers.com. Zimmer ab $ 289]*. Sie sind skeptisch? Keine Angst und keine Scheu vor hohen Decken, perfektem Service, Prunk und Glanz – Kinder sind in diesem beeindruckenden Hotelpalast mehr als nur willkommen. Sollten Sie sich entscheiden, mit Ihrer Familie für ein paar Tage im The Breakers abzusteigen (Kinder bis 16 Jahre im Zimmer der Eltern kostenlos), werden Sie sich über die Vielfalt der Angebote für Familien wundern. Es gibt einen Kindermal- und Bastelraum, einen Spielplatz, Kinderkino und Spielautomaten für die größeren Kids. Draußen wartet ein Basketballplatz auf Spieler,

Die Lobby des legendären The Breakers

Reservierung erforderlich!

Wer wegen begrenzter finanzieller Möglichkeiten nicht in den Genuss eines der stilvollen Zimmer mit Meeresfarben und dunklen Hölzern kommt, der kann trotzdem die einzigartige Luft des Hotellebens schnuppern. Gehen Sie mit Ihren Kindern im **ITALIAN RESTAURANT** *[Reservierungen unter Tel. +1-877-724 31 88]* essen, das nur durch eine Glaswand vom Family Entertainment Center getrennt ist. Dort können die Kleinen dann unter Aufsicht herumtoben, während Sie die Annehmlichkeiten des Grandhotels genießen. Reservieren Sie unbedingt telefonisch einen Tisch, sonst kommen Sie nicht an dem Eingangswächter vorbei. Der fragt Sie nämlich nach Ihrem Namen, und wenn der nicht auf einer Reservierungs- oder Gästeliste steht, dann können Sie hungrig wieder umdrehen.

Historische Hoteltour

Wer weder dort essen noch übernachten möchte, seine Nase aber trotzdem ins mondäne Hotel The Breakers stecken will, der kann sich über das Flagler Museum zur **TOUR THE BREAKERS HOTEL** anmelden *[siehe Seite 48, www.flaglermuseum. us/visiting/tour-the-breakers-hotel. Tickets $ 15, nur Di und Sa].*

wer mag, leiht sich ein Fahrrad, lernt Kajak fahren, geht Golf oder Tennis spielen oder entscheidet sich dafür, in einen der fünf wunderschönen Hotelpools zu hüpfen. Natürlich können auch spektakuläre Sandburgen am privaten Sandstrand des Hotels gebaut werden. Klotzen und nicht kleckern ist hier ohnehin das Motto. Wer es ganz exklusiv am Pool haben möchte, der mietet sich einen der hübschen Beachbungalows mit Toilette, Dusche und kleiner Sonnenveranda. Falls es mal zu stürmisch ist, kann man es hier besonders gut aushalten.

Tour 4: Welcome to Miami

**BOOTSAUSFLUG • SAWGRASS MILLS • RICKENBACKER CAUSEWAY •
LUMMUS PARK • ART DECO WELCOME CENTER • LINCOLN ROAD**

WO: *Miami* – **WIE:** *mit dem Auto und zu Fuß* – **DAUER:** *1-2 Tage* – **NICHT VERGESSEN:** *Badesachen, Fotoapparat*

Den weißen Strand, das Blau des Himmels, ein azurfarbenes Meer, die bunten Art-déco-Hausfassaden und nicht zuletzt Sonne „all year long", das lieben nicht nur die rund 400.000 Einwohner der Atlantik-Metropole Miami im Sunshine State Florida. „Party in the city where the heat is on. All night, on the beach till the break of dawn. Welcome to Miami. Bienvenidos a Miami", scheppert der Will-Smith-Song gern mal aus einem Oldtimer, die durchs Art-déco-Viertel cruisen. Tipp: Wenn Sie Ihr Hotel in Miami buchen, sollten Sie unbedingt in Miami Beach übernachten, besser noch South Beach. Denn die Stadt ist sehr weitläufig, und gerade im Frühling/Sommer dauert es dank zahlreicher Staus sonst oft viel zu lange, um zum Strand und zu den lohnenden Sehenswürdigkeiten zu gelangen.

Eis, Eis, Baby …

Regenbögen, Einhörner, Luftballons, ein Pool voll mit Streuseln, Gummibärchen, rosa Zuckerwatte und natürlich das leckerste Eis ever. Cooler geht es wohl kaum – oder kitschiger … Das ist wohl Geschmackssache wie die Wahl des Lieblingseises. Oder soll ich sagen: Die Qual des Lieblingseises? Ende 2017 eröffnete das **MUSEUM OF ICECREAM** in Miami und ist seitdem beliebtes Reiseziel und Fotomotiv gleichermaßen. Machen Sie sich schon mal Appetit bei Instagram unter dem Hashtag #moic und finden Sie jede Menge Pretty in Pink. und dann probieren Sie „Vanilla Ice, Ice, Baby"!
3400 Collins Avenue, Miami Beach, FL 33140, Tel. +1-855-258 07 19, moictickets@showclix.com, www.museumoficecream.com. Erw. und Kinder (ab 3 J.) $ 38.

Zehn Touren, die allen Spaß machen

Strandvergnügen zu jeder ˉ

Ausflüge ab Miami

Zwei bis drei Tage sollten Sie schon einplanen für Miami, es lohnt z. B. eine **RUNDFAHRT MIT DEN AUSFLUGS-BOOTEN** ab Bayside Marketplace. Stechen Sie in See zur **MILLIONAIRE'S ROW CRUISE**, vorbei an der Skyline Miamis und den Villen der Schönen und Reichen *[Island Queen Cruises, www.islandqueencruises.com, Tel. +1-305-379 51 19. Tägl. ab 10.30, letzte Tour 19 Uhr. 90 Min. Erw. $ 27, Kinder (4-12 J.) $ 19]*. Auch Ausflüge in die Everglades (siehe Tour 5, ab Seite 56) sind ab Miami möglich, solange Sie ein bis zwei Stunden Anfahrt einplanen. Die riesigen Sümpfe beginnen fast direkt vor den Toren der Stadt und bieten einen willkommenen Kontrast zur Hektik der Metropole.

Shop till you drop

Wie wäre es mit einem kleinen Shoppingtrip in der Nähe von Fort Lauderdale? Denn im Outletcenter **SAWGRASS MILLS**, einer der größten Shoppingmalls Amerikas, gibt es zahlreiche Schnäppchen zu ergattern *[12801 West Sunrise Boulevard, Sunrise, FL 33323, Tel. +1-954-846 23 00, www.simon.com. Mo-Sa 10-21.30, So 11-20 Uhr]*. Nachdem Sie Ihr Auto vor dem riesigen Komplex abgestellt haben, merken Sie sich unbedingt die Parkplatznummer – Sie finden Ihren Wagen sonst nie wieder! Neben mehr als 350 Shops und Outlets z. B. von Converse, Nike, Calvin Klein, Tommy Hilfiger, Victoria's Secret, Hugo Boss, Lacoste, Ralph Lauren und vielen weiteren Marken befinden sich hier auch jede Menge Restaurants, Cafés und ein Kino. Beliebtes Mitbringsel sind die Baby-Chucks von Converse, hochwertige Kinderkleidung gibt es bei OshKosh B'Gosh, und unbedingt probieren sollten Sie eine der süßen Verführungen in der Cheesecake

Shoppingparadies Sawgrass Mills: eine der größten Malls der USA

Old MacDonald had a Farm!

Die Großstadtkinder von heute kennen die meisten Tiere nur aus Büchern und aus dem Fernsehen. Das zu ändern, hat sich das **BILL GRAHAM FARM VILLAGE** zur Aufgabe gemacht. Eine gute halbe Stunde Autofahrt von Miami entfernt, liegt das Idyll im Amelia Earhart Park am südöstlichen Ende. Während der Woche ist der Eintritt frei. Nach dem Farmbesuch tobt es sich besonders gut auf dem Tom-Sawyer's-Play-Island-Spielplatz, der mit Baumhäusern, Schaukeln, Kletterspinnen und vielem mehr für Kinder bis 12 Jahre angelegt wurde. *0401 East 65th Street, Hialeah, FL 33013, Tel. +1-305-685 86 73, www.miamidade.gov.*

Factory (ein Stück Kuchen reicht für mindestens zwei Erwachsene). Wer jetzt merkt, dass die Koffer nicht reichen, der legt sich einen nagelneuen Samsonite zu (hier weit günstiger als in Deutschland). Sie sollten allerdings aufpassen, dass Sie die Zeit nicht zu sehr vertrödeln. Man kann in der Mall gut und gern einen ganzen Tag verbringen: Es gibt Spielplätze, Eisstände und viel Unterhaltung auch für die Kleinsten. Doch die Kids brauchen spätestens jetzt frische Luft und drängeln Richtung Meer. Die Strände bei Fort Lauderdale haben einiges im Angebot, da aber die Wellen und die Strömungen zum offenen Atlantik hin sehr stark sein können, lassen Sie Ihre Kinder nicht unbeaufsichtigt im Wasser spielen und legen Sie lieber an einem belebten Strand mit Lifeguard ihren Badestopp ein, als an einem ruhigen ohne Sicherheitsprsonal.

Ab ins Wasser

Ein herrlicher und sicherer Strand auch für die Kleinen ist der **FORT LAUDERDALE BEACH PARK** *[1100 Seabreeze Blvd, Fort Lauderdale, FL 33316, Tel. +1-954 828 72 75, myfortlauderdalebeach.com. Tägl. 5-Mitternacht]* Von der Mall aus brauchen Sie zum Strand etwa 30 Minuten. Sonnenschutz nicht vergessen! Der Strand lockt mit Picknicktischen und Grillplätzen und ver-

Umsonst und draußen

Ein Vergnügungspark mit Karussell, eine Rollerskaterbahn, ein Spielplatz und ein tropischer Garten. Hört sich das gut an? Nun, es geht noch besser, denn der **CRANDON PARK BEACH** ist auch noch kostenlos. Geöffnet hat der Park von Sonnenauf- bis Sonnenuntergang und liegt je nach Auswahl der Route maximal eine Stunde Fahrt vom Großstadtmoloch Miami entfernt. Schauen Sie mal vorbei! *6747 Crandon Boulevard, Key Biscayne, FL, Tel. +1-305-361 54 21, www.miamidade.gov/parks/crandon.asp. Tägl. 10-17 Uhr. Eintritt frei, Parken $ 5, an Wochenenden $ 8.*

Zehn Touren, die allen Spaß machen

Beachvolleyball im Lummus Park

Echt kubanisch

Den Superstars Gloria und Emilio Estefan gehört das original kubanische Restaurant direkt am Ocean Drive. In Miami muss man unbedingt kubanisch gegessen haben, denn nirgendwo sonst in den USA ist diese traditionelle Küche so nah an ihrer Heimat. Unbedingt zu empfehlen ist das Bongos Famous Roasted Chicken, geröstetes Hühnchen, mariniert in Zitronensaft, Knoblauch, Weißwein und mit kubanisch-kreolischer Soße. Dazu Kochbananenchips (Plantain Chips) und Reis. Auch die jungen Gäste sollten einmal außerhalb der recht überschaubaren Kinderkarte schauen. Denn gegrillte Hühnchenbrust oder frittierter Reis mit Gemüse und Fleisch schmeckt auch Kindern. Und für die Großen gibt es ausgezeichnete Margaritas und dazu lateinamerikanische Musik.
LARIOS ON THE BEACH, *820 Ocean Drive, Miami Beach, FL 33139, Tel. +1-305-532 95 77, lariosonthebeach.com. So-Do 11.30-23, Fr, Sa 11.30-24 Uhr.*

wöhnt die Kleinen mit Rutschen und Klettergeräten. Genau, was die Kids nach einem Shoppingausflug brauchen. Lifeguards sitzen in den kleinen weißen Beachbuden und haben stets alles im Blick. Wenn genug gebadet wurde, locken jede Menge Sportaktivitäten wie Basketball oder Volleyball. Duschen und saubere Toiletten sind ebenfalls ein großes Plus.
Wenn sich die Sonne langsam dem Horizont entgegen neigt, heißt es wieder Badesachen einpacken und zurück Richtung Miami Beach! Sie parken irgendwo in der Nähe vom **LUMMUS PARK**, eine der ersten Parkanlagen der Stadt, in South Beach zwischen der 5. und 14. Straße. Hier stählen sich muskelbepackte Bodybuilder neben gebräunten Bikinischönheiten, toben Kinder über den Spielplatz und flanieren, skaten oder biken die Einheimischen auf coolen Beachcruisern. Da der Park im Schutz hinter der Düne liegt, weht auch der Wind nicht so stark. Öffentliche Duschen und Toiletten sind vorhanden. Die Strandwache hat im Lummus Park ihre Zentrale. Deswegen können hier die Geräte, Boote und Fahrzeuge der Rettungsschwimmer von Miami Beach bestaunt werden.

Villen kunterbunt

Hinter der Strandwache befindet sich das **ART DECO WELCOME CENTER** *[1001 Ocean Drive, Miami Beach, FL 33139, Tel. +1-305-763 80 26, www. mdpl.org. Tägl. 9.30-19 Uhr].* Am weltbekannten **OCEAN DRIVE** werden am Abend die vielen bonbonfarbenen Art-déco-Hotels beleuchtet. Erst in der Dämmerung und in der Dunkelheit zeigt sich Miami hier von seiner wirklich beeindruckenden Seite. Etwa 800 erhaltene Gebäude aus den 1930er- und 1940er-Jahren verkörpern die einzigartige Interpretation des Art-déco-Stils. Gut zu Abend essen kann man im **LARIOS ON THE BEACH** (siehe Kasten links). Wenn die Kids danach noch ein bisschen durchhalten, sollten Sie unbedingt noch zur **LINCOLN ROAD** laufen. Dazu folgen Sie dem Ocean Drive bis zum nördlichen Ende, biegen dann links ab und gleich wieder rechts in die Collins Avenue. Nach knapp 300 Metern beginnt links die Lincoln Road, eine der ersten Fußgängerzonen der USA. Neben einer Vielzahl nobler Designerboutiquen gibt es die gehobene Restaurantszene sowie zahlreiche Bars und Straßencafés zu entdecken. Ein Tipp zum Schluss: Wenn Sie am letzten Freitag des Monats in Miami sind, sollten Sie sich den **VIERNES CULTURALES** (kulturellen Freitag) nicht entgehen lassen. Dann findet im sehenswerten Stadtteil Little Havana, westlich von Downtown Miami, diese Kunst- und Kulturmesse statt. Lateinamerikanische Schausteller, Musik und lukullische Genüsse in den kubanischen Restaurants sind die Highlights.

Ein Lichtermeer: der Ocean Drive am Abend

Zehn Touren, die allen Spaß machen

Tour 5: Die Everglades

TAMIAMI TRAIL • BIG CYPRESS SWAMP VISITOR CENTER •
ERNEST F. COE VISITOR CENTER • ANHINGA & GUMBO LIMBO
TRAIL • AIRBOAT TOURS

WO: *an der Südspitze Floridas* – **WIE:** *zu Fuß, mit dem Auto und dem Boot* – **DAUER:** *Tagesausflug* – **NICHT VERGESSEN:** *Moskitoschutz, Fernglas und Trinkwasser*

Alligatoren, Kormorane, Reiher … Die Liste der Tiere, die aufmerksame Besucher im Süden Floridas erspähen können, ist so lang, wie die Everglades weitläufig sind. Vom Lake Okeechobee im Norden bis an die Spitze des Bundesstaates im Süden erstreckt sich der sanft dahinflie-

ßende, grasbewachsene Fluss, das größte subtropische Feuchtgebiet Nordamerikas. Am 6. Dezember 1947 vom 33. Präsidenten der Vereinigten Staaten, Harry S. Truman, zum **NATIONALPARK EVERGLADES** erklärt, bietet das 5.000 Jahre alte Ökosystem heute rund 350 Vogel- und 600 Fischarten sowie zahlreichen Säugetieren eine Heimat. Der Park ist zudem für bedrohte Tierarten wie den Florida-Panther ein geschützter Lebensraum. Wer sich einmal entschlossen hat, die Artenvielfalt dieses einmaligen Ökosystems zu erkunden, der sollte eines auf keinen Fall vergessen: Die blutrünstigsten Tiere der Everglades sind nicht die Alligatoren, auch wenn sie uns sicherlich Angst einjagen können. Die echten Blutsauger sind bedeutend heimtückischer – es sind Moskitos, die sich in ganzen Schwärmen auf Neuankömmlinge stürzen.

Beste Reisezeit

Moskitos sind schon für Erwachsene sehr unangenehm, für Kinder aber beinahe nicht zu bewältigen, denn erklären Sie mal einem kleinen Kind, dass es sich nicht kratzen darf, wenn es grässlich juckt. Beachten Sie also bei Ihrer Reiseplanung, ob die Jahreszeit einen Besuch in den Everglades zulässt. Von April bis Oktober ist es besonders stechend. Im Sommer ab Juni beginnt die Regenzeit mit gewitt-

Crocodylus acutus – das Spitzkrokodil

rigen Nachmittagen und den meisten Moskitos. Die beste Reisezeit ist sicherlich die Zeit von November bis März. Aber auch dann benötigt jeder Besucher einen guten Insektenschutz. Vergessen Sie also nicht, Ihre Kinder und auch sich selbst ordentlich einzusprühen. Lange, helle Kleidung kann ebenfalls hilfreich sein. Vielleicht stecken Sie die langen Hosen in die Socken, bevor Sie sich hinauswagen.

Abenteuer Feuchtbiotop
Wer von Miami im Osten oder von Tampa im Westen kommt, der folgt

Ja, es gibt sie wirklich...

Das allerkleinste Postamt Amerikas

Hier können sich Ihre Kids so richtig groß fühlen. Machen Sie doch mal einen Stopover beim allerkleinsten Postamt der Vereinigten Staaten von Amerika. Seit 1953 ist das niedliche weiße Häuschen mit übergroßer US-Flagge on Top am Tamiami Trail in Ochopee, Florida, im Dienst der Post und inzwischen ein echter Sightseeing-Hotspot. Touristen und Briefmarkensammler aus aller Welt lieben es, hier ihre Postkarten abzugeben, oder holen sich eine der heiß begehrten Ochopee Stamps für ihre Briefmarkenkollektion.
OCHOPEE POST OFFICE, *38000 Tamiami Trail East, Ochopee, FL 34141, Tel. +1-800-275 87 77. Mo–Fr 8–10 und 12–16, Sa 10–11.30 Uhr.*

dem **TAMIAMI (TAMPA-MIAMI) TRAIL**, der US Route 41, einer der großen Straßen, die durch das nördliche Sumpfgebiet führen. Hier und da auf dem Weg warnen bereits Schilder vor Alligatoren. Jetzt haben Sie aber Angst um Ihre Kinder? Müssen Sie nicht. Es führen viele sichere Wege durch das Feuchtgebiet mit den Riesenechsen. Steuern Sie am besten Ihren Wagen direkt zum ersten Stopp, dem Big Cypress National Preserve. Im **BIG CYPRESS SWAMP WELCOME CENTER** *[33000 Tamiami Trail East, Ochopee, FL 34141, Tel. +1-239-695 47 57, www.nps.gov. Tägl. (außer 25. Dez) 9–16.30 Uhr]* stimmen Sie sich und Ihre Kinder erst einmal mit allerlei interaktivem Informationsmaterial auf die Everglades ein. Lassen Sie die Kleinen ruhig an all den bunten Knöpfen im Besucherzentrum drehen und drücken und den Stimmen der einheimischen Tiere lauschen. Wenn Sie dann bereit sind, können Sie ganz gefahrlos, aber mit guter Sicht auf Flora & Fauna auf Holzstegen Ihren Weg durch die Natur finden. Sogar Kleinkinder, die eventuell noch im Buggy sitzen, können Sie hier ganz entspannt im Karren über die Bohlen schieben.

Augen und Ohren auf!

Ist der nördliche Bereich der Everglades für Sie nicht zufriedenstellend und Sie möchten lieber tiefer in das Abenteuer Natur hineinhorchen? Dann steuern Sie von Miami aus das **ERNEST F. COE VISITOR CENTER** *[40001 State Highway 9336, Homestead, FL 33034, Tel. +1-305-242 77 00, www.nps.gov. Tägl. 9-17 Uhr]* nahe Homestead direkt beim Eingang zum Nationalpark an. Hier können Sie dem **ANHINGA** und dem **GUMBO LIMBO TRAIL** folgen. Aber Achtung!

Auch wenn Sie den einen oder anderen Alligator faul in der Sonne liegen sehen, kommen Sie den Tieren bloß nicht zu nah. Und erklären Sie bitte auch Ihren Kleinkindern, dass man diese wilden Tiere nicht füttern darf. Denken Sie außerdem daran, dass Sie nicht zur Mittagszeit kommen, denn dann ist es besonders heiß und Sie werden kaum Tiere antreffen. Die ideale Tageszeit für einen Besuch ist definitiv frühmorgens oder am späten Nachmittag – allerdings am besten nicht zur Dämmerstunde wegen der Moskitos. Sie werden staunen, was es hier dann alles zu sehen gibt. Neben den Riesenechsen können Sie Schildkröten, Eidechsen, Schmetterlinge, Frösche, Otter, Schnecken, Spinnen, Libellen und den Anhinga-Vogel beobachten, dem der Trail seinen Namen verdankt. Auf dem Gumbo Limbo Trail werden Sie nicht so viele Tiere, dafür einzigartige Pflanzen wie den Gumbo Limbo Tree sehen.

Ein stilles Vergnügen: Kanufahren in den Everglades

**Per Hausboot
durch die Everglades**

Sollte Ihnen diese Art der Everglades-Erkundung doch zu langweilig sein, gibt es noch jede Menge andere Möglichkeiten, über den Fluss aus Gras zu schippern. Weitere 60 Kilometer vom Ernest F. Coe Visitor Center südwärts erreichen Sie nach etwa einer Stunde Fahrt das **FLAMINGO VISITOR CENTER** *[1 Flamingo Lodge Highway, Homestead, FL 33034, Tel. +1-239-695 29 45, www.nps.gov. Tägl. 8-16.30 Uhr].* Hier kann, wer mutig ist, ein Boot mieten – Kajaks, Kanus oder wie wäre es mit einem bequemen Hausboot für mehrere Tage? Die Ruhe, die Sie bei einer Bootstour ohne Motor umschmeicheln wird, ist einmalig und allerlei tierische Begegnungen sind Ihnen gewiss.

Ohrenbetäubend: mit dem Airboat

Über den Fluss aus Gras

Erinnern Sie sich noch an Porter Ricks, den Vater von Flipper-Freund Sandy und Ranger der Everglades? Ich weiß noch genau, wie er damals, in meiner Jugend, im rasanten Tempo mit seinem Airboat über die Graslandschaft Floridas flog. Heute ist diese Art der Fortbewegung im Nationalpark längst nicht mehr erlaubt. Zu sehr werden dadurch die Tiere gestört. Vögel können zum Beispiel nicht mehr in Ruhe brüten und der Florida-Panther würde sich wohl gar nicht mehr blicken lassen. Airboatfahrten werden natürlich dennoch angeboten, aber nicht im geschützten Parkbereich. Wer auf das fliegende Gefühl der Luft-Propeller-Boote nicht verzichten mag, der kann bei **CAPTAIN MITCH'S AIRBOAT TOURS** *[31000 Tamiami Trail East, Naples, FL 34114, Tel. +1-800-368 00 65, www.captainmitchs.com. 60-Minuten-Tour Erw. $ 40, Kinder (3-11 J.) $ 20]* in den Genuss solch einer Fahrt kommen. Fragen Sie aber unbedingt nach Ohrenschützern, denn die Airboats fliegen leider alles andere als lautlos. Spaß macht es trotzdem!

Alligatoren allüberall

Der am 8. Mai 2012 verstorbene „Wo die Wilden Kerle wohnen"-Autor Maurice Sendak hat bereits im Jahr 1962 ein ganz wunderbares kleines Büchlein veröffentlicht. In **„ALLIGATORS ALL AROUND"** können Kinder, die nach Florida reisen, schon ein kleines bisschen Englisch lernen. Anhand der zauberhaft getexteten und illustrierten Geschichte über das tägliche Leben von drei Alligatoren macht das einen Riesenspaß. *ISBN 978-0064432542, ca. € 15.*

Zehn Touren, die allen Spaß machen

Tour 6: Kleine und große Fische und auch noch viel Meer

ANNE'S BEACH • ROBBIE'S MARINA • HAWKS CAY RESORT & DOLPHIN CONNECTION • THE TURTLE HOSPITAL • NATIONAL KEY DEER REFUGE

WO: *Islamorada, Duck Key, Marathon –* **WIE:** *mit dem Auto –* **DAUER:** *2-Tages-Tour –* **NICHT VERGESSEN:** *Badesachen, Sonnencreme und Trinkwasser*

Was für ein Anblick – das Meer hier an der untersten Spitze der Florida-Halbinsel, dort wo die Perlenschnur der 200 Koralleninseln, der Keys, beginnt, hat sich in ein atemberaubendes Türkis gehüllt. Wer will hier nicht kurz hineinspringen? Halten Sie an der Interstate 1, dem Overseas Highway, an Mile Marker 73.8, um sich und Ihren Lieben eine kurze Erfrischung und ein Ankommen auf den Keys an **ANNE'S BEACH** *[Mile Marker 80, Lower Matecumbe, Islamorada, FL 33036]* zu erlauben. Das Wasser ist weich und warm, der Sand hell und fein und der Strand flach abfallend. Kommen Sie am besten gleich morgens, wenn es hier noch nicht komplett überfüllt ist, denn dieser Strand gehört weder zu einem State Park noch zu einem Hotel und ist für alle Besucher kostenlos und darum gut besucht. Hunde sind an Anne's Beach übrigens auch erlaubt.

Hungrige Fische

Weiter führt der Overseas Highway Richtung Süden zum Mile Marker 77.5. Hier liegt die kleine bunte Budenwelt von **ROBBIE'S MARINA** *[77522 Overseas Highway, Islamorada, FL 33036, Tel. +1-877-664 84 98, booth@robbies.com, www.robbies.com]* mit Restaurants, Souvenirgeschäften und Bootsanlegern, die Sie für $ 2 betreten dürfen. Für $ 3 können Sie hier ein kleines Körbchen mit Fütterfischen kaufen. Die großen Fische warten schon – der Spaß nennt sich **TARPON FEEDING**. Erschrecken Sie aber nicht, denn die Tarpune (Tarpons) sind lange, silbrige Knochenfische, die in den warmen Ozeanen, also auch hier rund um die Keys, leben und gern mal

Auf die Keys: eine sehenswerte Strecke

Oh, Islands in the Sun

Am Ende der Keys, etwa 110 Kilometer westlich von Key West, schimmern die sieben Inseln der **DRY TORTUGAS** wie Perlen im türkisfarbenen Meer. Diese unbewohnte Inselgruppe im Golf von Mexiko hat einiges zu bieten. Neben historischer Architektur auf Garden Key mit dem eindrucksvollen Fort Jefferson, das fast die gesamte Insel einnimmt, und dem 46 Meter hohen Dry Tortugas Lighthouse auf der größten der sieben Schönheiten, auf Loggerhead Key, sind die Inseln vor allem wegen der spektakulären Unterwasserwelt Anziehungspunkt Nummer eins bei den Ausflugszielen der Keys. Nehmen Sie ein Zelt mit und melden Sie sich vorher online an, dann können Sie in Fort Jefferson campen. **DRY TORTUGAS NATIONAL PARK,** *Tel. +1-800-634 09 39, www. drytortugas.com. Tickets ab $ 99.*

fische hoffen, nehmen den Schnabel gern voll. Überall sitzen sie herum: Auf den Booten, im Wasser, sie stehen im Weg auf dem Steg und ab und zu fliegt einer zu den Tarpunen rüber, um dort schnell einen Fütterfisch zu klauen. Herrlich frech, diese braunen Schnabeltiere!

Hello again: flinke Flipper

Nicht ganz so frech, wenngleich durchaus humorvoll, sind Delfine. Besonders auf den oberen Inseln der Florida Keys gibt es viele Möglichkeiten, mit ihnen in Kontakt zu kommen. Das **DOLPHIN RESEARCH CENTER** *[DRC, 58901 Overseas Highway, Grassy Key, FL 33050, Tel. +1-305-289 11 21, www.dolphins.org]* etwa bietet neben Schwimmen auch Trainingstage

bis zu zweieinhalb Meter lang werden. Bei Robbie's Marina kann, wer mag, mit dem Boot zur See hinausfahren und selbst versuchen, Tarpune zu angeln oder die Riesenfische im Becken zu füttern. Halten Sie Ihre kleinen Kinder gut fest, denn die Fische, die da manchmal urplötzlich nach Nahrung schnappen, sind zwar ungefährlich, reißen ihr Maul aber ganz schön weit auf. Auch die Pelikane, die am Pier rumlungern und auf Abstauber-

Zehn Touren, die allen Spaß machen

Fütterung der hungrigen Tarpune

Kennen Sie Fred?

Eine Fahrt über den höchst fotogenen **OVERSEAS HIGHWAY** steht für viele Floridabesucher ganz oben auf der Things-to do-Liste. Der Roadtrip über 42 Brücken von Homestead bis ganz in den Süden der USA nach Key West gehört definitiv zu den Scenic Drives. Schauen Sie während der Fahrt rüber zur historischen Seven Mile Bridge, dort können Sie Fred entdecken, eine australische Pinie, die im Sommer 2017 selbst Irma, einem der stärksten Hurrikane seiner Zeit, trotzte.

oder Malen mit den Tieren an – dafür sollten Sie aber einen ganzen Tag einplanen (siehe Kap. „Die tollsten Attraktionen für Kinder", Seite 96). Im **THEATER OF THE SEA** *[84721 Overseas Highway, Islamorada, FL 33036, Tel. +1-305-664 24 31, www.theaterofthesea.com. Tägl. 9.30-17 Uhr]* können Besucher eine knappe Stunde (pro Person etwa $ 199) mit den grauen Schwimmern unter Traineraufsicht planschen. Erforderlich ist eine Reservierung, entweder am Schalter oder telefonisch (siehe oben). Sollten Delfine für Ihre Kleinen noch zu flink sein, können Sie alternativ auch Schwimmrunden mit Seelöwen oder mit Rochen buchen.

Vom Bett ins Delfinbecken

Vielleicht machen Sie es sich und Ihrer Familie aber ganz einfach und reservieren ein Zimmer im karibisch anmutenden **HAWKS CAY RESORT** *[61 Hawks Cay Boulevard, Duck Key, FL 33050, Tel. +1-305-743 70 00, www.hawkscay.com]*, einer Ferienanlage mit eigenem Meerwasseratoll. Die „Standard Double Queensize Rooms", Doppelzimmer mit zwei französischen Betten, sind bestens für Familien mit zwei Kindern geeignet. Wem das allerdings doch zu eng erscheint, der bucht sich und seinen Lieben am besten eine der Villen auf dem Gelände. Über zwei Etagen erstrecken sich die hübschen Holzhäuser, die direkt an einem kleinen Kanal liegen und bieten neben zwei Schlafzimmern, einem großen Wohnzimmer mit Küchenbereich, einem kleinen privaten Pool auch Waschmaschine und Trockner. Eben alles, was man sich für eine komfortable

Fangfrischer Fisch

Der Fisch landet hier direkt vom Fischerboot auf dem Teller, die **KEYS FISHERIES** sind Fischexporteure und zugleich zwangloses Fischrestaurant. Fischliebhabern läuft schon beim Blick auf die Karte das Wasser im Mund zusammen: Mahi-Mahi, Coconut Shrimp, Conch Chowder und nicht zu missen der Lobster.
KEY FISHERIES, *3502 Gulfview Avenue, Marathon, FL 33050, Tel. +1-305-743 43 53, www.keysfisheries.com. Tägl. 11-21 Uhr.*

Ferienunterkunft wünscht. Wundern Sie sich nicht über die Wasserfarbe im Kanal. Das ist tatsächlich Meerwasser, auch wenn es aussieht, als wäre es ein Pool. Die **DOLPHIN CONNECTION** *[www.dolphinconnection.com. Reservieren Sie online, pro Pers. ca. $ 179 plus Tax]*, wie das Schwimmen mit Delfinen im Hawks Cay Resort genannt wird, kann gleich mit der Zimmerreservierung angefragt werden, aber auch Nicht-Hotelgäste haben die Möglichkeit, sich hier ihren Delfintraum zu erfüllen.

Dolphin Connection im Hawks Cay Resort

Das Delfin-Einmaleins

Bevor es in kleinen Gruppen mit etwa sechs bis acht Delfinfreunden ins Wasser zu den Tieren geht, gibt es eine englischsprachige Einweisung und Neoprenanzüge für alle. Die Gruppe lernt an dieser Stelle, wie man die Tiere streichelt und wo man einen Delfin nicht berühren darf. Sollte Ihr Kind des Englischen noch nicht richtig mächtig sein, müssen Sie Ihre Tochter oder Ihren Sohn begleiten. Wenn es ohne Ihre Hilfe funktioniert, können Sie sich gemütlich mit einem Sommerdrink in der Hand oberhalb des Schwimmbeckens hinsetzen und zuschauen, wie die Kinder mit den Delfinen schwimmen. Das Leuchten in den Augen Ihrer Kleinen werden Sie sicher nicht so schnell vergessen.

Wassersportaktivitäten

In der hoteleigenen Hawks Cay Marina können alle, die mögen, bei

SUNDANCE WATERSPORTS *[in der Hawks Cay Marina, Adresse s. links, Tel. +1-305-587 26 43, www.hawkscay.com/watersports. Parasailing-Flug oder ein halber Tag SUP je ca. $ 79]* Bootstouren etwa zum Hochseeangeln buchen. Kinder ab 6 Jahren haben eventuell Lust abzuheben. Wie wäre es da mit Parasailing? Oder ist SUP (Stand-up-Paddling) der angenehmere Wassersport für Ihre Elternnerven?

Gepanzerte Patienten

Haben Sie noch Lust auf weitere tierische Begegnungen? Die Küstengewässer Floridas sind ideal für Schiffsfahrten jeglicher Art, ob auf einem monströsen Kreuzfahrtschiff oder in einem rasanten Motorboot. Leider können Schiffsschrauben und Motoren genauso wie Fischernetze für die Meeresbewohner gefährlich werden. Delfine, die sich in Netzen verfangen, Schildkröten, die zu nah an die Schiffsschrauben herankommen – immer wieder werden verletzte Tiere entdeckt und gemeldet. Viele von ihnen landen im **THE TURTLE HOSPITAL** *[2396 Overseas Highway, Marathon,*

Zehn Touren, die allen Spaß machen

FL 33050, Tel. +1-305-743 25 52, theturtlehospital@yahoo.com, www. turtlehospital.org. Tägl. 9-18 Uhr. Führung Erw. $ 22, Kinder (4-12 J.) $ 11, Reservierung erforderlich], werden dort versorgt und gepflegt, manchmal operiert und mit dem Ziel, sie eines Tages wieder in die Freiheit zu entlassen, aufgepäppelt. Für Besucher jeglichen Alters ist es ganz schön erschreckend zu sehen, was da alles in den Ozeanen rumschwimmt und die Meeresbewohner verletzt oder welche Auswirkung Plastikverpackungen auf das Leben von Schildkröten haben können. Die 90-minütige Tour durch

Im Turtle Hospital in Marathon

das Schildkrötenkrankenhaus führt hinter die Kulissen und zeigt einen Operationsraum für die Tiere sowie verschiedene Schildkrötenarten in unterschiedlichen Größen. Natürlich wird alles in englischer Sprache erklärt, was für Kinder aus anderen Ländern nicht leicht zu verstehen ist. Auch hier gilt: Bilder sprechen ganz häufig für sich und sensibilisieren für das Thema Naturschutz. Mit dem Kauf von Merchandise-Produkten aus dem Krankenhausshop können Sie die Einrichtung unterstützen.

Wenn Ihre Kinder immer noch nicht genug von tierischen Begegnungen haben, könnte eine Fahrt nach **BIG PINE KEY**, den Overseas Highway entlang und Richtung Süden, eine gute Idee sein.

Klein, kleiner, Key Deer

Eine tierische Besonderheit auf den Keys ist das Key Deer oder das Odocoileus virginianus clavium, eine klein gewachsene Art der Weißwedelhirsche, die ausschließlich auf den Keys lebt und nicht größer als 70 Zentimeter wird. Diese Wildtiere sind sehr zutraulich und können sogar schwimmen. Aber bitte füttern Sie die hübschen Vierbeiner nicht, sie könnten dadurch krank werden. In dem 1957 gegründeten **NATIONAL KEY DEER REFUGE** *[179 Key Deer Boulevard, Big Pine Key, FL 33043, Tel. +1-305-872 07 74, www.fws.gov. Mo-Fr 9-16, Sa, So 10-15 Uhr]* auf den Lower Keys kann die Spezies vermehrt angetroffen werden. Wer im Mai/Juni anreist, hat eventuell Glück, kleine Kitze – an den weißen Flecken auf dem Fell erkennbar – zu sehen und vor die Linse zu bekommen.

Tour 7: Hemingway, Traumstrand & Fische

**KEY LARGO • KEY WEST: GLASBOTTOM BOAT TRIPS •
HEMINGWAY-HAUS • SOUTHERNMOST POINT • SMATHERS BEACH**

WO: *Florida Keys –*
WIE: *per Auto, Boot
und Fahrrad –*
DAUER: *Tagestour –*
NICHT VERGESSEN:
*Badesachen und
Sonnenschutz*

Der Weg nach Key West ist allein
schon aufgrund des Streckenverlaufs
ein Highlight! Der 182 Kilometer
lange Overseas Highway verbin-
det über zahlreiche Brücken rund
40 Inseln der Florida Keys. Übernachten sollten Sie unbedingt auf Key
West, auch wenn es hier etwas teurer
ist als auf den anderen Eilanden. Das
Flair der südlichsten Insel ist einfach
einmalig: Nirgendwo sonst stehen so
viele malerische Holzvillen in roman-
tisch versteckten Palmengärtchen.
Zahlreiche Galerien unterstreichen
den Ruf der Stadt als Künstlerdomizil,
die vielen Bars und Cafés verbreiten
mit Livemusik karibisches Flair.

Bunte Unterwasserwelt
Auch wenn **KEY LARGO** wirklich sehr
schön ist, eignet es sich eventuell
besser als Zwischenstopp – vor allem
mit älteren Kindern ab etwa 7 Jahren,
die schon gut schwimmen können
und Spaß am Schnorcheln haben. Das
JOHN-PENNEKAMP-KORALLENRIFF liegt
praktisch direkt vor der Haustür und

Abtauchen

Ab **KEY LARGO** werden Schnorcheltouren angeboten, die
schon Kinder ab 7 bzw. 8 Jahren
begeistern werden. Hauptsache,
die Maske passt und die Kleinen
können schwimmen, denn: „If
you can swim, you can snorkel!"
Jüngere Geschwister oder Nicht-
schwimmer bleiben mit einem
Elternteil an Bord, allein die
Fahrt zu den Schnorchelgebieten
lohnt sich. Masken, Schnorchel
und Schwimmflossen können
ebenso wie Unterwasserkameras
ausgeliehen werden. Und dann
werden riesige Hirnkorallen,
Rochen und Hunderte bunte
Fische bestaunt. Achtung: etwas
Warmes zum Anziehen und
Sonnenschutz einpacken!
REEF ROAMER, *99751 Overseas
Highway, Key Largo, FL 33037,
Tel. +1-305-453 01 10, www.
snorkelkeylargo.com. 1 Std.
Schnorcheln tägl. ab 8.30 Uhr,
2 Std. Schnorcheln tägl. ab
12.30 Uhr. Erw. $ 30/40, Kinder
(bis 10 J.) $ 25/35, Leihgebühr
für Schnorchel-Equipment $ 8,
Online-Reservierung empfohlen.*

Zehn Touren, die allen Spaß machen

Vitamin Sea: Ein Bootstrip ist immer eine gute Idee

kann auf den angebotenen Bootsausflügen z. B. mit einem Katamaran erkundet werden (siehe Kasten Seite 65). Das 355 Kilometer lange Riff ist das einzige lebende Korallenriff der kontinentalen USA und das drittgrößte der Welt. Auf dem Weg nach Key West lohnt sich eine Fahrt über die beeindruckende, 11 Kilometer lange Seven Mile Bridge, bekannt aus zahlreichen Kino-Filmen (u. a. „Aus nächster Nähe"). Auf Key West fahren Sie am besten mit Ihrem Mietwagen immer den Schildern zum **VISITORS CENTER** hinterher *[Mile Marker 1.6, 1601 North Roosevelt Boulevard, Key West, FL 33040, Tel. +1-305-296 88 81, www.keywest123.com]*. Die netten Mitarbeiter dort zeigen Ihnen, wo Sie parken können, geben Auskünfte zu Events und Kinderattraktionen, statten Sie mit Kartenmaterial aus, und wenn Sie möchten, buchen sie auch gleich Ausflüge für Sie.

Familientour auf zwei Rädern
Gut und zentral parken kann man im Parkhaus an der Ecke Grinnell/James Street *[$ 3 pro Stunde, $ 13 pro Tag]*. Von dort sind es nur wenige Schritte zum Fahrradverleih in der Eaton Street 830. Key West lässt sich bestens

per Fahrrad entdecken – so können Sie an einem Tag bequem alle Highlights mitnehmen und noch ein paar gemütliche Momente am Strand verbringen. Bei **EATON BIKES** *[830 Eaton Street, Key West, FL 33040, Tel. +1-305-294 81 88, www.eatonbikes.com. Mo-Sa 8-18, So 9-12 Uhr. Pro Tag Räder für Erw. ab $ 18, mit Kindersitz $ 20, Kinderräder inkl. Helm und Schloss $ 12]* bekommen Sie Straßenräder, Mountainbikes, Kinderräder, Tandems, Babysitze, Kinderanhänger und Helme. Danach fahren Sie über die Caroline Street bis zur Duval Street – neben der westlich parallel dazu verlaufenden Whitehead Street die sehenswerteste Straße der

Schokoladenkunst

Lust auf Schokolade, auf Eis, auf Key Lime Pie? Dann schauen Sie bei Chocolatière Kristie Thomas und ihrem Ehemann Bob auf Key Largo vorbei. Die beiden kreieren köstliche Schokoladenkunst. Probieren Sie unbedingt den Famous Key Lime Fudge und spendieren Sie Ihren Kindern einen Schoko-Alligator. Alles ist natürlich handgemacht. **KEY LARGO CHOCOLATES,** *100470 Overseas Highway, Key Largo, FL 33037, Tel. +1-305-453 66 13, www.keylargochocolates.com. Tägl. 10-22 Uhr.*

FLORIDA

Glas Bottom Boat Trip: totaler Durchblick

vertical_textZehn Touren, die allen Spaß machen

Insel. Am nördlichen Ende der Duval Street (Sie müssen dorthin von der Caroline Street rechts abbiegen) starten die **GLASBOTTOM BOAT TRIPS** *[Tel. +1-888-976 08 99, www.furycat. com. Abfahrt 11.30, 14 und 16 Uhr, Erw. $ 42,95, Kinder $ 29,95, bei Online-Buchungen mit Code ONLINE gibt es 10 Prozent Ermäßigung].* Das Visitors Center verrät, ob noch Plätze frei sind, und kann Tickets für Sie reservieren. Die Touren dauern zwei Stunden und sind gerade für Familien empfehlenswert.

Unterwasserkino und Eis
Über das Korallenriff hinweg gleitet der Katamaran, ohne stark zu schaukeln, und bietet durch seinen gläsernen Unterbau einmalige Ein-

blicke in die Unterwasserwelt. Halten Sie Ausschau nach Delfinen und Schildkröten! Nachdem Sie wieder festen Boden unter den Füßen haben, können Sie einen kleinen Abstecher zum **SUNSET PIER** unternehmen. Von dem wunderschön angelegten Pier mit einem kleinen Restaurant haben Sie einen grandiosen Blick auf Tank Island, auch besser bekannt als Sunset Key. Dort leben nur 17 Einwohner, die Insel befindet sich im Privatbesitz vor allem einer Luxushotelkette, die eine kleine Ansammlung von Cottages betreibt. Wenn Sie das nötige Kleingeld haben: Einige Grundstücke stehen zum Verkauf, deren Wert auf mindestens 1,5 Millionen US-Dollar geschätzt wird. Nach einem Snack – sparen Sie sich dieses Mal besser den Nachtisch – geht es wieder auf die Räder. Das nächste Ziel ist die beste Eisdiele der Stadt!
Treten Sie in die Pedale und fahren Sie Richtung Osten. Stopp heißt es an **KERMIT'S KEY LIME SHOPPE** *[200 Elizabeth Street, Key West, FL 33040, Tel. +1-305-296 08 06, www. keylimeshop.com. Tägl. 9-21.30 Uhr].* Danach geht es frisch gestärkt die Elizabeth Street Richtung Süden bis zur Truman Ave, dann einmal rechts abbiegen bis zur Whitehead Street.

Zu Besuch bei Hemingway
Bei Hausnummer 907 steigen Sie wieder ab und parken die Räder. Das ehemalige **WOHNHAUS VON ERNEST HEMINGWAY** (siehe auch Kasten Seite 120) und das heute darin unterge-brachte Museum ist auch für Kinder sehenswert *[907 Whitehead Street, Key West, FL 33040, Tel. +1-305-294 11 36, www.hemingwayhome.com.*

Tägl. 9-17 Uhr. Erw. $ 14, Kinder (ab 5 J.) $ 6, 30-Minuten-Tour auf Englisch inkl.]. Leider gibt es nur Touren auf Englisch, aber am Eingang bekommen Sie ein kurzes Infoblatt auf Deutsch. Dann wird unterhaltsam durch die Ausstellung geführt und von zahlreichen Eskapaden des Frauenhelden Ernest, der hier ab 1928 für ein paar Jahre lebte, und von den Streitigkeiten mit seiner zweiten Frau Pauline erzählt. Eine der Geschichten dreht sich um den Pool im Innenhof und den eingelassenen Penny davor. Pauline wünschte sich so sehr einen Pool – vor allem um daran rauschende Partys zu geben. Doch nach einem Kostenvoranschlag eines ortsansässigen Poolbauers winkte Ernest ab – zu teuer wäre ein in den massiven

Tourguide im Hemingway-Haus

Krabben & Meer

In Key West gibt es zahlreiche gute Fischrestaurants. Eine Delikatesse, die nicht jedermanns Sache ist, aber für die manche extra aus New York einfliegen, sind die Florida Stone Crabs. Die Scheren der frisch gefangenen Krabben werden erst gedünstet, dann geknackt und schließlich kalt in geschmolzener Butter oder mit pikanter Senfsoße serviert (allerdings sind sie eher eine Vorspeise, satt wird man davon nicht). Zu empfehlen ist unter anderem das **RED FISH BLUE FISH**. Auf der geschützten Terrasse kann man wunderbar essen, die Preise sind human, der Fisch ist frisch. Besonders zu empfehlen sind auch die Crab Cakes und für die Kleinen gibt es Macaroni and Cheese.
407 Front Street, Key West, FL 33040, Tel. +1-305-295 74 47, www.redfishbluefishkw.com. Tägl. 11-22 Uhr.

Steinboden gehauener Pool. Während einer Dienstreise des Literaten gab Pauline dennoch den Bauauftrag. Als Ernest zurückkam, war der Zement um den Pool noch nicht einmal trocken. 20.000 Dollar ärmer, nahm Hemingway einen Penny aus seinem Portemonnaie und drückte ihn in den feuchten Zement: „Das ist der letzte Penny, den ich habe!" Und dort ist er immer noch. Kinder erfreuen sich an den 44 zahmen Katzen, die durch das Haus streifen. Wer aufpasst, wird feststellen, dass einige von ihnen sechs Krallen statt fünf an den Vorderpfoten haben – so wie Snowball, Hemingways Lieblinskatze, der Urahn der Samtpfoten. Sogar einen Katzenfriedhof gibt es. Unser Tourguide erzählt stolz von den klangvollen Namen ehemaliger Stubentiger: Bette Davis, Kim Novak …

Der „Südpol" der USA

Nach dem Rundgang durch das Haus radeln Sie die Whitehead Street bis zum Ende und schießen ein Erinnerungsfoto am **SOUTHERNMOST POINT**,

Smathers Beach auf Key West

der als südlichster Punkt von Key West gilt und nach dem verheerenden Hurrikan Irma im Sommer 2017 nun wieder in neuem Glanz erstrahlt. (Tatsächlich liegt der „Südpol" aber auf einer US-Navy-Basis nebenan.) Ein Foto ist trotzdem ein Muss. Weiter geht es in die South Street und rechts in die White Street, an deren Ende der Atlantic Boulevard zum South Roosevelt Boulevard wird. Auf der rechten Seite befindet sich nun der wohl schönste Kinderstrand der Keys: **SMATHERS BEACH**. Dort heißt es unter den Palmen ein schattiges Örtchen finden, den Sonnenuntergang betrachten und dann im seichten Wasser unbeschwertes Planschvergnügen genießen. Denken Sie nur daran, dass Sie die Räder wieder rechtzeitig abgeben müssen!

Sonnenanbeter und andere Feierlichkeiten

Unbedingt gesehen haben sollten Sie den Sonnenuntergang auf Key West. Damit Sie das meist farbenfrohe Spektakel auf keinen Fall verpassen, schauen Sie online nach, wann es losgeht *[www.timeanddate.com/sun/usa/key-west]*, denn die Sunset Celebration wird auf Key West gefeiert wie wohl nirgendwo sonst auf der Welt. Finden Sie sich zeitig auf dem Mallory Square ein: Künstler, Musiker, Gaukler und Kunsthandwerker erfreuen das Publikum mit ihren Performances. Etwa zwei Stunden vor dem Sunset geht das Spektakel bereits los *[Infos: www.sunsetcelebration.org]*. Ach, und vergessen Sie nicht: Die schönsten Fotos entstehen, wenn die Sonne bereits untergegangen ist und der Himmel in Rottöne getaucht ist. Herrlich!

Zehn Touren, die allen Spaß machen

Tour 8: Der grüne Blitz & eine linkshändige Schnecke

OVER EASY CAFÉ • J. N. „DING" DARLING NATIONAL
WILDLIFE REFUGE • SHELL MUSEUM • TARPON BAY BEACH •
ISLAND COW • SHE SELLS SEA SHELLS • THE GREEN FLASH

WO: *Sanibel Island im Golf von Mexiko* – **WIE:** *mit dem Mietwagen* – **DAUER:** *Tagesausflug* – **NICHT VERGESSEN:** *Kamera, Sonnenschutz, Trinkwasser und Badesachen*

Stellen Sie sich vor, Sie beginnen den Tag auf einer idyllischen Insel mit weißen Stränden. Die Sonne wärmt bereits morgens gegen 8 Uhr und das sanfte Rauschen der Wellen wiegt Sie beinahe wieder in den Schlaf,

wären da nicht die Kinder, die einem aktionsreichen Tag auf Sanibel, einer 85 Quadratkilometer großen Insel an der Westküste Floridas, entgegenfiebern. Also schnell einmal alle eingecremt, rein in die bequemen Shorts, die Taschen gepackt, die Wasserflaschen aufgefüllt und das **OVER EASY CAFÉ** *[630 Tarpon Bay Road 1, Sanibel Island, FL 33957, Tel. +1-239-472 26 25, www.overeasycafesanibel.com. Tägl. 7-15 Uhr]* für ein üppiges Frühstück angepeilt. Planen Sie unbedingt eine Wartezeit ein, denn egal ob Sie

Ein wirklich wunderbares Fleckchen Erde ist die Insel Sanibel

Spartipps für Sanibel & Captiva Island

Halten Sie Ausschau nach dem **SANIBEL-CAPTIVA SHOPPER'S GUIDE** und sammeln Sie Gutscheine, mit denen Sie eine Menge Geld sparen können. Im Angebot sind häufig Coupons für den Besuch bestimmter Restaurants, den Verleih von Fahrrädern und andere Aktivitäten auf den Inseln. Das kostenlose Sparbuch finden Sie in der Regel in kleinen Supermärkten, bei Rental-Agenturen und in kleineren lokalen Geschäften.

nun morgens oder mittags kommen, das Over Easy Café ist fast immer voll. Ausgestattet mit einem Pieper, der Sie wissen lässt, wann Ihr Tisch bereit ist, können Sie sich in der kleinen Anlage, einer Art Miniatur-Einkaufszentrum mit kleinen Souvenir- und Kunsthandwerksboutiquen, ganz wunderbar die Zeit vertreiben und jede Menge Souvenir-Schnickschnack erstehen. Wie wäre es mit ein paar bunt glitzernden Fischen für den kommenden Weihnachtsbaum? Oder ein kunterbuntes T-Shirt in Batik-Optik für die Kinder? Die Auswahl ist groß. Gartensessel laden ein, vor einem kleinen Teich Platz zu nehmen. Und Achtung! Halten Sie immer Ausschau nach Alligatoren. Das Frühstück im Over Easy ist so üppig wie köstlich: leckere Omeletts, Pancakes und Eier in diversen Variationen, Wraps, Burger, Sandwiches und Salate. Wer mag, setzt sich rein und ist von Hühnern und Gockeln in jeglicher Form umgeben, die das Markenzeichen des Over Easy sind. Auf dem Patio ist es morgens besonders schön. Fragen Sie am besten gleich bei der Ankunft nach einem Tisch drinnen oder draußen. Sollte eines Ihrer Kinder allerdings Angst vor Hunden haben, nehmen Sie lieber drinnen Platz, denn „wohlerzogenen Hunden" ist es erlaubt, mit ihren Besitzern auf dem Patio zu sitzen.

Tierische Naturerlebnisse

Nach dieser morgendlichen Stärkung wartet nun die unberührte Natur der Insel im **J. N. „DING" DARLING NATIONAL WILDLIFE REFUGE** *[1 Wildlife Drive, Sanibel Island, FL 33957, Tel. +1-239-472 11 00, www. dingdarlingsociety.org. Tägl. 9-16 oder 9-17 Uhr, je nach Jahreszeit].* Willkommen in einem der größten

Zehn Touren, die allen Spaß machen

Strandläufer: ein weißer Reiher

wilden Mangrovenareale des Landes. Folgen Sie mit dem Auto dem ausgeschilderten Trail. Nehmen Sie sich genügend Zeit und steigen Sie immer wieder aus, um Ausschau nach den unterschiedlichsten Tieren der Region zu halten. Wer Glück hat, kann rosa Löffelreiher, Waschbären, Otter, Alligatoren und springende Fische beobachten. Bevor Sie die Floridareise antreten, werfen Sie einen Blick auf die Kinderseite *[www.dingdarling society.org/articles/engage-the-kids]* des „Ding"-Darling-Internetauftritts. Dort finden sich wirklich tolle Ausmalbücher und Bastelgeschichten, die dem Nachwuchs die Natur Floridas spielerisch näherbringen. Am besten ausdrucken und mitnehmen – die Kinder wird's freuen. Besonders gut lassen sich die Vögel der Region beobachten. „Birding" ist eine echt große Sache in Amerika. Der 2011 produzierte Kinofilm „The Big Year" („Ein Jahr vogelfrei") mit Owen Wilson, Jack Black und Steve Martin greift das Thema Ornithologie, also die Vogelkunde, auf äußerst amüsante Weise auf. Eine gute Vorbereitung für den Urlaub und ein lustiger Familienfernsehabend, denn der Film ist auch für kleine Kinder geeignet.

NOBLE SCALLOP
Chlamys nobilis (Reeve)

Im Bailey-Matthews-Muschelmuseum

Beach- & Babykram zum Mieten

Manchmal fehlt etwas im Urlaub. Gerade mit kleinen Kindern kann ein Kinderstuhl oder ein Laufgitter in der Ferienwohnung Eltern glücklich machen. Hätten Sie gern auch einen Sonnenschirm oder Spielzeug für den Strand? **ISLAND RENTAL SERVICES** vermietet tage- und wochenweise, was Ihnen den Urlaub einfacher gestaltet. *1630 Periwinkle Way, Suite D, Sanibel Island, FL 33957, Tel. +1-239-472 97 89, www.islandrentalservices.net.*

Muscheln aus aller Welt
Nur ein paar Minuten entfernt vom J. N. „Ding" Darling National Wildlife Refuge liegt **THE BAILEY-MATTHEWS NATIONAL SHELL MUSEUM** *[3075 Sanibel-Captiva Road, Sanibel Island, FL 33957, Tel. +1-239-395 22 33, www.shellmuseum.org. Tägl. 10-17 Uhr. Erw. $ 18, Kinder (12-17 J.) $ 9, Kinder (5-11 J.) $ 7, unter 5 J. frei].* Falls Sie an den Stränden von Sanibel noch nicht genug Muscheln gefunden haben, sind Sie hier genau richtig. Das Museum zeigt Muscheln und Schnecken aus aller Welt, aber natürlich auch lokale Funde, wie z. B. die einzige „linkshändige" Florida-Schnecke, die Lightning Whelk (siehe auch Kap. „Kinderfreundliche Strände", Seite 29). Kinder bekommen am Eingang einen Zettel mit acht abgebildeten Muscheln in die

Ein Paradies für Muschelsucher

Hand gedrückt und sollen diese nun im Museum wiederfinden. Wer alle entdeckt hat, darf am Ende des Museumsbesuches zur großen Freude eine eigene Muschel aus einer Kiste wählen. Eine tolle Sache, denn an dieser Museumsrallye können auch Kinder teilnehmen, die der englischen Sprache nicht mächtig sind. Vergessen Sie nicht, noch ein Erinnerungsfoto mit der Riesen-Conch draußen vor dem Museum zu machen.

Shells und Erfrischungen

Sind Ihre Kinder noch aufnahmebereit? Wohl eher nicht. Also jetzt nix wie ab an den erholsamen Strand, um für eine kurze Erfrischung abzutauchen. Fahren Sie einfach die Tarpon Bay Road Richtung BEACH, vom öffentlichen Parkplatz sind es nur wenige Schritte zum Strand. Und wer weiß, vielleicht finden Sie oder Ihre Kinder dann die allerschönste Muschel, die es überhaupt gibt. Zum Frühstück, Mittagessen oder Abendessen ist der Weg, wie eigentlich überall auf Sanibel Island, nicht weit zu ISLAND COW *[2163 Periwinkle Way, Sanibel, FL 33957, Tel. +1-239-472 06 06, www.sanibelislandcow.com. Tägl. 7-21 Uhr]*. Das Lokal lockt mit einer Riesenspeisekarte: Pancakes, Burger, Salate, der Fang des Tages, Gator, Oysters … Holy Cow! Ob Jung oder Alt, es sollte für jeden etwas auf der Karte zu finden sein. Natürlich gibt es auch ein Kid's Menu für Kinder unter 10 Jahren.

Keine Muschel gefunden?

Das Thema Muscheln ist auf Sanibel Island allgegenwärtig. Einer der wohl einprägsamsten Läden der Insel und ein herrlicher Zungenbrecher heißt SHE SELLS SEA SHELLS, was übersetzt „Sie verkauft Seemuscheln" bedeutet, und ist gleich zweimal auf der Insel am Periwinkle Way zu finden *[2422 Periwinkle Way, Sanibel Island, FL 33957, Tel. +1-239-472 80 80, und 1157 Periwinkle Way, Sanibel Island, FL 33957, Tel. +1-239-472 69 91, www.sanibelshellcrafts.com]*. Wer weder im Museum noch am Strand seine Lieblingsmuschel gefunden hat, der wird spätestens in diesem Laden fündig. Große Conches, kleine Shells, Frösche aus Muscheln, Windspiele mit klöterndem Muschelklang, Muschelleuchten, Muschelseifenschalen, Muscheln als Kunstwerk jeglicher Art, Muscheln für den Hausgebrauch. Setzen Sie Ihren Kindern am besten vorher ein Preis- und Mengenlimit. Bei der Fülle des Angebots ist das ratsam – sonst bezahlen Sie am Ende der Reise noch teure Übergepäckgebühren für Muscheln.

Sunset & Strandspaziergang

Langsam neigt sich ein aktionsgeladener Inseltag dem Ende. Die Sonnenuntergänge auf Sanibel Island können wirklich spektakulär sein.

Was sich da manchmal an Wolken-
formationen rosa in Szene setzt,
ist atemberaubend schön. Wenn
Sie wissen wollen, wann genau die
Sonne untergeht, schauen Sie kurz
online unter www.calendar-updates.
com nach. Dort findet man genaue
Zeiten für Sunrises & Sunsets, also
Sonnenauf- und -untergänge. Sie
müssen lediglich die amerikanische
Postleitzahl der gewünschten Region
eingeben. Aber auch wenn sich der
Himmelskörper mal weniger drama-
tisch zur Nacht begibt, lohnt sich
ein Strandspaziergang. Vielleicht
haben Sie ja noch die eingepackten
Reste vom Mittagessen? Dann nix
wie an den Strand damit und bei
untergehender Sonne verputzen!

Der grüne Blitz
Wenn die Szenerie sich in ein
himmlisches Blau und dann langsam
von zartrosa bis blutorange färbt,
dann haben Sie ihn eventuell bereits
verpasst, den **GREEN FLASH**. Was das
nun wieder ist? Nun, der „grüne Blitz"
ist ein Phänomen, über das sich die
Geister streiten. Einige schwören Stein
und Bein, dass er an manchen klaren
Tagen genau dann für einen Bruchteil
einer Sekunde zu sehen ist, wenn
die Sonne im Meer versinkt. Andere
wiederum glauben es nicht. Nichts-
destotrotz gibt es eine Green-Flash-
Kultur in Amerika. Überall an den
Küsten des Landes liegt irgendwo eine
Bar, ein Restaurant oder ein Café, das
sich mit dem Namen ziert oder zum
gemeinsamen Sonnenuntergangs-
Event lädt. Aber auch hier am
Leuchtturm von Sanibel Island ist der
Sonnenuntergang besonders schön.
Zwar versinkt die Sonne nicht direkt

Beim Hutmacher

Nehmen Sie Platz an den großen
Fenstern mit Blick auf den Sonnenuntergang und probieren Sie
moderne American Cuisine und
köstliches Seafood. Wenn Sie am
Abend mit den Kindern kommen, können Sie die Kleinen
ruhig ein bisschen herausputzen,
das schadet ja nicht.
THE MAD HATTER, 6467 Sanibel-
Captiva Road, Sanibel Island,
FL 33957, Reservierungen unter
Tel. +1-239-472 00 33, www.
madhatterrestaurant.com. Di-So
17.30-21.30 Uhr, Dinner only.

im Meer, aber der Blick ist frei auf die
Bucht und rüber aufs Festland nach
Fort Myers. Manchmal tuckern kleine
Fischerkähne in der blau getönten
Bucht herum. Manchmal kleben die
Wolken wie Watte am Blau der nahen-
den Nacht. Und auf dem Pier stehen
Männer und Frauen, die ihre Angeln
weit ausgeworfen haben und auf
einen guten Fang hoffen. So manch
großer Fisch wird hier an Land
gezogen. Ein kleiner entspannender
Spaziergang am Wasser, die Kinder
klettern auf den kargen blätterlosen
Bäumen herum, stehen einfach mal
kopf oder schlagen Purzelbäume
am leer gefegten Strand. Alles färbt
sich langsam blau und rosarot und
das beliebteste Fotomotiv, der hoch
aufragende Leuchtturm von Sanibel,
setzt sich dabei selbst ein ums andere
Mal ins rechte Licht und zeigt sich
von seiner besten Seite.

Tour 9: Von Delfinen, Ottern & Cheeseburgern im Paradies

BOOTSTOUR MIT CAPTIVA CRUISES • CABBAGE KEY INN • THE BUBBLE ROOM

WO: Captiva Island und Cabbage Key – **WIE:** *mit Auto und Boot –* **DAUER:** *Tagesausflug –* **NICHT VERGESSEN:** *Trinkwasser, Badesachen, Kopfbedeckung, Kamera und Sonnencreme, 1-Dollar-Scheine*

Tom Jones, der Kapitän, kann zwar nicht singen, hat aber trotzdem einen ordentlichen Schlag bei vielen der älteren Mitreisenden. Mit **CAPTIVA CRUISES** *[11401 Andy Rosse Lane, Captiva Island, FL 33924, Tel. +1-239-472 53 00, www.captivacruises.com. Cabbage-Key-Cruise 10-15 Uhr. Erw. $ 40, Kinder (bis 12 J.) $ 25]* legen wir morgens gegen 10 Uhr an der imposanten Hotelanlage South Seas Resort ab und steuern Richtung **CABBAGE KEY**, einem kleinen Inselchen im Golf von Mexiko. Mister Jones hat Delfine versprochen. Wir sind gespannt.

Krimis und Cheeseburger

Eine Stunde dauert die Fahrt, die Sie und eine ganze Menge amerikanischer Senioren auf das kleine Eiland bringt. Ganz idyllisch liegt es fernab

Anfahrt nach Cabbage Key: Wer mag, mietet sich eins der kleinen Häuschen

Zehn Touren, die allen Spaß machen

jeglicher Großstadthektik. In den 1930er-Jahren wurde die Insel von der Autorin Mary Roberts Rinehart, einer amerikanischen Agatha Christie, gekauft. Das heutige Cabbage Key Inn wurde damals als Privathaus der Schriftstellerin gebaut. Tom Jones erzählt während der Fahrt eine Menge Witze und Wissenswertes über die Region, z. B. dass sie mal von den Spaniern entdeckt wurde und wie die Inseln früher hießen. Es fällt nicht ganz leicht, dem schwer verständlichen „southern accent" von Mister Jones zu folgen. Aber wer braucht schon die Erklärungen, wenn die Aussicht auf das blaue Wasser so einmalig schön ist? Dann dröhnt plötzlich aus den Lautsprechern an Bord ein Lied, in das alle einstimmen: „Cheeseburger in Paradise." Die Passagiere lernen, dass der große amerikanische Songwriter Jimmy Buffett nach dem Verzehr der Inselspezialität zu diesem Megahit inspiriert wurde. Für zwei

Ahoi, „Lady Chadwick"

Fangfrischer Fisch auf Marco Island

Die besten Fisch-Tacos und -Burger kommen bei **LEE BE FISH** auf Marco Island (von Captiva etwa 1,5 Stunden Fahrt) auf den Teller. Wer keinen fancy Schnicschnack mag, ist hier goldrichtig. Nehmen Sie am besten draußen auf der herrlichen Veranda unter Schatten spendenden Sonnenschirmen Platz und probieren Sie den Catch of the Day. *350 Royal Palm Drive, Marco Island, FL 34145, Tel. +1-239-389 05 80, www.leebefish.com. Tägl. 11-20.30 Uhr.*

Stunden geht's an Land. Lust auf einen Cheeseburger im weltberühmten **CABBAGE KEY INN** *[Intercoastal Channel Marker 60 (26 39 24.162 N, 82 13 20.635 W), Pineland, FL 33945, Tel. +1-239-283 22 78, www.cabbage key.com]*? Aber nicht nur der besungene Burger macht das Inn zu einem einzigartigen Anlaufpunkt.

Dollarschwere Deko

Werfen Sie einen Blick auf die Wände und die Decken. Wieso hängt hier überall Geld? Nun, das kam so: Es war einmal ein durstiger Fischer, der einen unterschriebenen Dollar an die Wand klebte, damit er bei der nächsten Einkehr sofort etwas zu trinken bekäme. Gute Idee, dachten sich auch andere Fischer, und heute klebt jeder Besucher seinen Dollar irgendwohin, wo Platz ist. Mal baumeln sie von der

Decke, mal kleben sie, mehrfach mit Klebeband gesichert, an der Wand. Auf jedem einzelnen Schein stehen Namen oder sind Zeichnungen und Zeichen zu finden. Manchmal fallen einige ab, die werden dann eingesammelt und für einen guten Zweck gespendet. Übrigens, auch Prominente wie John F. Kennedy Jr. und natürlich Jimmy Buffett haben hier ihre Dollarscheine signiert und an die Wand hinter der Theke geklebt.

Suchspiel

Unser Schein klebt da auch. Gucken Sie mal, ob Sie ihn finden: „Simone, Caesar, David & Steff" steht drauf! Natürlich haben wir ein Erinnerungs-

Deckendeko: Dollarnoten im Cabbage Key

foto gemacht. Kleben Sie Ihre Erinnerung doch auch an die Wand!

Gierige Enten und freche Otter

Nur ein paar Schritte vom Restaurant findet sich landeinwärts ein hölzerner Wasserturm, von dessen höchstem Punkt man einen wirklich guten Überblick über das Inselchen hat. Dieser Wasserturm trotzt seit den 1930er-Jahren allen Hurrikanen. Wenn Sie noch Zeit haben, folgen Sie entweder dem „path", der durch das Inselinnere führt, oder kaufen Sie ein bisschen Entenfutter, damit die Kinder die Tiere füttern können. Sie warten immer gierig auf die Leckerbissen, sind allerdings mehr als nur gut genährt. Manchmal, wenn man Glück hat, kommen sogar die Otter. Wir konnten eine ganz freche Horde dabei beobachten, wie sie uneingeladen gleich mehrere Motorboote enterte, die am kleinen Kai angelegt hatten. Ein hübscher Souvenirshop mit vielerlei Kleinigkeiten und natürlich T-Shirts gibt es auch. Nach zwei Stunden heißt es dann wieder

Zehn Touren, die allen Spaß machen

Bananaboat & SUP

Familyfun: Fliegen Sie auf einer aufgeblasenen Banane übers Wasser. Wer das im Urlaub nicht probiert hat, hat was verpasst! Etwa 10 Minuten dauert der Ritt, bei dem die Erwachsenen und auch die Kinder (mindestens 6 Jahre alt) natürlich Schwimmwesten tragen müssen, und kostet pro Ritt $ 20. Wem das zu laut ist, der probiert's mit Stand-up-Paddling (SUP), bei dem Sie stehend auf einer Art Surfboard auf ruhigem Wasser paddeln.
YOLO WATERSPORTS, *11534 Andy Rosse Lane, Captiva Island, FL 33924, Tel. +1-239-472 96 56, info@yolowatersports.com, www.yolowatersports.com. Tägl. 9-17 Uhr.*

„welcome aboard" – die Rückreise beginnt. Suchen Sie sich einen Platz unten im Schiff mit gutem Blick aufs Wasser, denn die Chancen, dass sich wilde Delfine zeigen, stehen gut, das hatte Tom Jones ja versprochen. Und tatsächlich werden wir Zeuge eines Wettrennens zwischen den Tieren und dem Boot. Die Delfine gewinnen locker. Was für ein Anblick!

Rosarote Parallelwelt

Zurück auf Captiva – auch diese Insel hat Spektakuläres auf dem Programm. Haben Sie schon mal vom Bubble Room gehört? Der **BUBBLE ROOM** *[15001 Captiva Drive, Captiva Island, FL 33924, Tel. +1-239-472 55 58, www.bubbleroomrestaurant.com. Tägl. 11.30-15 und 16.30-21 Uhr]* ist ein Kinderparadies mit Weihnachtsstimmung das ganze Jahr, eine Parallelwelt auf einer rosaroten Wolke. Schon von Weitem springen einen die Bonbonfarben an. Ein Souvenirshop lockt in seine Fänge, aus denen man nur schwerlich und definitiv mit weniger Geld wieder herauskommt. Was es hier alles gibt: Kleopatras Mütze,

Zwei Erfinder-Freunde

Ein Ausflug auf das Festland nach Fort Myers lockt zurück in die Vergangenheit und in die Winterhäuser der großen Erfinder und Freunde Henry Ford (Gründer der Ford Motor Company) und Thomas Edison (Erfinder der Glühbirne). Schauen Sie auf jeden Fall in den Garten und machen Sie ein Erinnerungsfoto mit Herrn Edison unter dem Banyanbaum. **EDISON & FORD WINTER ESTATES**, *2350 McGregor Boulevard, Fort Myers, FL 33901, Tel. +1-239-334 74 19, www.edisonfordwinterestates.org. Tägl. 9-17.30 Uhr. Erw. $ 20, Teens (13-19 J.) $ 15, Kinder (6-12 J.) $ 12.*

Weihnachtskugeln zu jeder Jahreszeit, prima Blechspielzeug, herrlich kunterbunte T-Shirts mit dem Bubble Room auf dem Rücken und natürlich die typischen amerikanischen Baseballkappen. Vor dem Restaurant stehen kleine Stühlchen, auf denen man Platz nehmen kann, falls die Wartezeit etwas länger ist. Am Abend kann es schon mal dauern, also kommen Sie lieber mittags, da ist es nicht ganz so voll. Haben Sie den leeren Affenkäfig draußen gesehen? Ein tolles Fotomotiv! Jetzt aber rein in das wohl unglaublichste

Ganz schön frech: Otterbanden entern Boote

Restaurant der Welt. Schauen Sie nach der Telefonzelle, die Superman Clark Kent immer zum Umziehen nutzte, und dem „Tunnel of Love", der in dem Film „So ein Satansbraten" zu sehen ist! Ach du meine Güte, da sitzt ja sogar der Weihnachtsmann mit seinen Gehilfen und arbeitet fleißig. Endlich wissen wir jetzt, was der das ganze Jahr über so macht. „Tuuut!" – ist das etwa ein Zug, der durch das Restaurant fährt? Und die freundlichen Kellner sind hier mindestens genauso verrückt wie das Interieur des Restaurants. Achten Sie unbedingt darauf, in

Im Bubble Room auf Captiva Island

Ungelogen das beste Eis

Seit 1980 eine echte Sanibel-Tradition. „National Geographic" wählte **PINOCCHIO'S ORIGINAL ITALIAN ICE CREAM** in die Top 10 der besten Eisläden an der amerikanischen Golfküste. Zu Recht, denn die hausgemachten Eissorten, die Sorbets, Frozen Yogurts etc., die frisch im Laden zubereitet werden, sind einfach nur köstlich! Probieren Sie die weltbekannten Sorten „Sanibel Krunch" und „Dirty Sand Dollar", die hier erfunden wurden. „It's simply the best", es ist einfach das Beste! Und Sie wissen ja, Pinocchio kann nicht lügen!
362 Periwinkle Way, Sanibel Island, FL 33957, Tel. +1-239-472 65 66, www.pinocchiosicecream. com. Tägl. 9-21 Uhr.

welch lustigen Gefäßen die Getränke serviert werden. Und haben Sie mal den Tisch genau angesehen? Schauen Sie hin! Es gibt so vieles zu entdecken. Und das Essen ist einfach zum Niederknien. Egal ob Sie schon nicht mehr können und nichts mehr reinpasst – Sie dürfen den Bubble Room nicht verlassen, ohne zumindest ein Dessert zu bestellen! Und wenn wirklich gar nichts mehr geht, dann lassen Sie sich eben ein Stück Torte einpacken! New York Cheesecake, Strawberry Cake, Carrot Cake … die ganzen Wunderwerke amerikanischer Konditorenkunst stehen gleich beim Eingang und sind ja so was von verlockend! Ich träume heute noch von dem Carrot Cake.

Zehn Touren, die allen Spaß machen

Tour 10: Versunkene Gärten jenseits des Regenbogens

KINDERMUSEUM GREAT EXPLORATIONS • SUNKEN GARDENS • FOURTH STREET SHRIMP STORE • UKULELEN-BAUER LOPRINZI • ST. PETE BICYCLE & FITNESS • SPONGE DOCKS • BEACH TROLLEY

WO: *St. Petersburg und Clearwater Beach –* **WIE:** *per Auto, Fahrrad oder Bus –* **DAUER:** *Tagesausflug –* **NICHT VERGESSEN:** *Badesachen*

Da ist man am herrlichen Strand von Florida und soll mit den Kindern ins Museum? Allerdings, denn dieses Kindermuseum dürfen Sie auf keinen Fall verpassen. Das **GREAT EXPLORATIONS CHILDREN'S MUSEUM** *[1925 4th Street North, St. Petersburg, FL 33704, Tel. +1-727-821 89 92, www.greatex.org. Mo-Sa 10-16.30, So 12-16.30 Uhr. Erw. und Kinder (ab 1 J.) $ 10]* ist eins der besten Kinder-

museen der USA. Wer Kinder bis etwa 10 Jahre hat, ist hier nicht nur an regnerischen Tagen bestens aufgehoben. Im dunklen Touch-Tunnel etwa kriechen die Kids auf Händen und Knien durch eine 30 Meter lange Röhre und lernen dabei, sich auf ihren Tastsinn zu verlassen. Im „Engine Company 15 Fire House" erfahren sie, wie wichtig es ist, bei einem Feuer zu wissen, was zu tun ist. Im „Bella Brava Pizza Kitchen" werden mit „Play-Doh" Pizzen kreiert. Langeweile kommt in diesem Museum sicher nicht auf. Fast gleich nebenan befinden sich die **SUNKEN GARDENS** *[1825 4th Street North, St. Petersburg, FL 33704, Tel. +1-727-551 31 02. Mo-Sa 10-16.30, So 12-16.30 Uhr],*

St. Petersburg, eine der Top-Adressen für Urlaub in den Vereinigten Staaten

Lassen Sie doch mal das Auto stehen!

Ohne Auto geht's auch, zumindest in St. Petersburg. Hüpfen Sie einfach auf den **LOOPER TROLLEY**, eine Mischung aus Bus und Straßenbahn. Die Fahrt vom St. Petersburg Pier bis zum Pass-a-Grille oder St. Pete Beach kostet gerade mal 50 Cent, Kleinkinder (bis 5 J.) fahren umsonst. Die Trolleys verkehren täglich zwischen 10 und 17 Uhr. An Freitagen und Samstagen zudem von 17 Uhr bis Mitternacht. Wer für die Reise vorbereitet sein möchte, der findet einen Downtown Guide & Map von St. Petersburg zum Ausdrucken im Internet unter www.discover downtown.com. Weitere Infos unter www.loopertrolley.com.

ein über 100 Jahre alter Garten mit mehr als 50.000 tropischen Pflanzen der Region. Das botanische Paradies mitten in der lebhaften Stadt St. Petersburg lädt zu einem ganz entspannten Spaziergang etwa durch die Voliere ein, die viele unterschiedliche Vogelarten beherbergt. Und im Schmetterlingsgarten kann es zu so manch einer Begegnung mit einem zauberhaften Falter kommen.

Lassen Sie's sich schmecken!

Mögen Ihre Kinder Shrimps und anderes Meeresgetier? Dann liegt nur ein paar Meter von den Sunken Gardens entfernt das kunterbunte

Restaurant **FOURTH STREET SHRIMP STORE** *[1006 4th Street North, St. Petersburg, FL 33704, Tel. +1-727-822 03 25, www.theshrimpstore.com. Tägl. 11-21, Fr, Sa bis 21.30 Uhr].* Die Alfredo Pasta mit Shrimps für $ 10,99 ist eins der „Lunch & Early Birds Specials", die von 11 bis 18 Uhr auf der Karte stehen und die Sie sich nicht entgehen lassen sollten. Ihre Kinder (bis 10 J.) wählen sicher gern etwas aus dem Kid's Menu. Weiter geht's!

Jenseits des Regenbogens

Der bekannte Coversong „Over the Rainbow" von dem fülligen und leider zu früh (38 J.) verstorbenen Hawaiianer Israel Kamakawiwoʻole hat die kleine Schwester der Gitarre, die Ukulele, wieder in den Fokus vieler Musiker gerückt. Klein und handlich sind Ukulelen außerdem ein prima Instrument, um Kinder behutsam an Musik heranzuführen. Vierjährige mit ihren kleinen Händen können Spielukulelen schon gut halten und die ersten Akkorde auf den Viersaitern lernen. Aber wie entsteht so ein span-

Zehn Touren, die allen Spaß machen

Ein botanisches Paradies

nendes Instrument? In Clearwater, nur etwa eine halbe Stunde Autofahrt entfernt, finden Sie in einem flachen Bau gleich an der Straße **AUGUSTINO LOPRINZI GUITARS AND UKULELES** *[1929 Drew Street, Clearwater, FL 33765, Tel. +1-727-447 22 76, loprinzi@gate.net, www.augustino loprinzi.com]*. Wer Lust hat zu sehen, in wie vielen Schritten, aus welchem Holz und an welchen Geräten eine Ukulele gebaut wird, der darf einen Blick in die LoPrinzi-Werkstatt werfen. Bei Interesse melden Sie sich unbedingt per E-Mail an (siehe oben). Bedenken Sie aber, dass Sie hier in echten Arbeitsräumen sind und nicht im Kindermuseum. Kleine Kinder werden sich hier eher langweilen oder machen am Ende noch etwas kaputt. Für Kinder ab ca.

Ukulele von LoPrinzi

Erst Achterbahn fahren, dann auf Safari gehen

30 Kilometer von St. Petersburg entfernt liegt in Tampa ein weiterer Freizeitpark von SeaWorld Parks & Entertainment, für den es sich ebenfalls lohnt, sich Zeit zu nehmen. Mit mutigen und größeren Kindern führt Sie der erste Weg nach „Timbuktu". Der „Cheetah Hunt", eine Kopfüber-und-wieder-runter-Achterbahn, erwartet Sie mit lautem Gebrüll. Der Park hat aber auch ruhigere Ecken zu bieten. Wie wäre es mit einer Safari durch die „Serengeti"? Nehmen Sie Platz und lassen sich in einer der zahlreichen Shows unterhalten. Planen Sie einen ganzen Tag ein! **BUSCH GARDENS**, *10165 North McKinley Drive, Tampa, FL 33612, Tel. 1-888-800 54 47, www.buschgardens.com. Sommer 10-22, Winter 15-22 Uhr. Erw. und Kinder (ab 3 J.) $ 104,99, online 15 % Rabatt.*

8 Jahren, die ein echtes Interesse an Ukulelen und Gitarren haben, könnte der Besuch bei LoPrinzi allerdings spannend sein. Manchmal hängen sogar noch verkaufsfertige Ukulelen im Büro. Aber erschrecken Sie nicht bei den Preisen – das ist ja auch kein Spielzeug, sondern das sind echte, handgefertigte Ukulelen von einem der weltweit führenden Hersteller.

Immer ein bisschen tollpatschig und meist hungrig: die Braunpelikane in Florida

Wissenswertes über Pelikane

Sie watscheln tapsig auf den Bootsstegen herum, finden im Wasser fix Nahrung und fliegen sehenswerte Formationen in der Luft – Pelikane, in der Region meist Braunpelikane, sind sehr gesellige Vögel und im Sunshine State überall zu sehen. Ausgewachsen kann der Pelecanus occidentalis eine Körperlänge von 1 bis 1,30 Metern sowie ein Körpergewicht von ca. 3,5 Kilogramm erreichen. Er kann als einzige Pelikanart tauchen – sogar aus einem Flug von bis zu 10 Meter Höhe.

Fisch oder Fahrrad?

Bestes Sightseeing und entspanntes Fahrradfahren entlang der Küste Floridas ist ein grandioses Familienerlebnis. Nichts wie rauf auf den Drahtesel oder gleich aufs Tandem von **ST. PETE BICYCLE & FITNESS** *[1205 4th Street North, St. Petersburg, FL 33701, Tel. +1-727-822 24 53, www.stpetebicycleandfitness.com. Mo-Fr 10-19, Sa, So ab 10-18 Uhr. Leihgebühr 4 Std. Tandem $ 24].* Wer gut in Schuss ist und Lust auf einen ausgiebigen Bikeausflug hat, der folgt dem Pinellas Trail, dem beliebtesten Wander- und Radweg der Region. Über 60 Kilometer führt die Strecke einer ehemaligen Bahnlinie die Westküste entlang und zieht sich von St. Pete bis Tarpon Springs *[Infos: www.pinellascounty.org/trailgd].* Der Pinellas Trail schlängelt sich vorbei an herrlicher Natur in den Honeymoon Island State Park, der mit öffentlichen Stränden, Picknick- und Grillplätzen Lust auf eine Rast macht. Die Strecke führt weiter durch die charmante Innenstadt von Dunedin, wo man gut stoppen und shoppen kann, bis nach Tarpon Springs, eine Kleinstadt, die dem Besucher unmittelbar das Gefühl vermittelt, in einem griechischen Küstendorf gelandet zu sein. Es waren griechische Einwanderer, die nach der Entdeckung von Naturschwamm-Betten um 1900 hierherkamen und nach Schwämmen tauchten. Machen Sie sich selbst ein Bild an den berühmten **SPONGE DOCKS** *[30 Dodecanese Boulevard, Tarpon Springs, FL 34689, Tel. +1-727-820 03 75, www.spongedocks.net. Tägl. 0-20, 22-0 Uhr]* am Anclote River.

Lieber mit mehr Gemütlichkeit

Wer ganz kleine Kinder mit im Reisegepäck oder keine Lust auf eine stundenlange Drahteseltour hat, dem sei eine Fahrt mit dem **SUNCOAST BEACH TROLLEY** von St. Pete bis Clearwater Beach empfohlen *[www.psta.net. Pro Strecke $ 2,25]*. Haben Sie das Geld bitte passend

Am kleinen Hafen von Clearwater Beach

Finde den Weg zurück in die Freiheit ...

oder das Spiel ist verloren! Wer mit Kindern ab zehn Jahren unterwegs ist, Sonne & mehr für einen Moment entfliehen möchte, der lässt sich am besten einsperren – freiwillig. Ja, Sie haben richtig gehört. Willkommen in einem von fünf thematischen Espape Rooms bei **ESCAPE BRADENTON**: geschlossenen Räumen mit allerlei Rätseln, die Sie lösen sollten auf ihrem Weg zurück in die Freiheit. Entscheiden Sie sich zuallererst für eines von fünf Themen wie etwa: Verschwörungstheorie, Meuterei, Casa Segura ... Sie haben 60 Minuten Zeit um ihre kleinen grauen Gehirnzellen und auch ihr Team so richtig auf Vordermann zu bringen. Denken Sie nach! Finden Sie die Hinweise und lösen Sie die Rätsel. Die Zeit läuft! *465 Cortez Rd W, Bradenton, FL 34207, Tel. +1-941-666 53 58. escapebradenton.com Di-Fr. 15 bis 23 Uhr. Sa-So 11 bis 23 Uhr. Tickets $ 32,25*

dabei, es wird nicht gewechselt. Ein Tagesticket für unbegrenzte Fahrten kostet mit der Daily GO Card, die es direkt im Trolley gibt, $ 5. Dann geht es ganz entspannt entlang der Strände, Restaurants und lokalen Sehenswürdigkeiten. Über Strecken und Parkplätze muss dabei ausnahmsweise nicht nachgedacht werden.

4

DIE TOLLSTEN
ATTRAKTIONEN
FÜR KINDER

Discovery Cove

Nur tausend Gästen wird täglich Eintritt in diesen einzigartigen Park gewährt – kein günstiger Spaß. Für eine vierköpfige Familie muss tief ins Portemonnaie gegriffen werden. Aber wenn sich eine Ausgabe lohnt, dann diese.

Urlaub im Urlaub
Weiße Sandstrände, meterhohe Palmen, zahlreiche Meerestierbegegnungen – alles inklusive. Mitbringen muss man gerade mal seine Badehose bzw. den Badeanzug. Den Rest gibt es vor Ort: Handtücher, Schnorchel und Tauchermasken, einen Neoprenanzug und sogar Sonnencreme. Kommen Sie gleich morgens, wenn der Park die Tore öffnet, und genießen Sie das abwechslungsreiche Frühstücksbüfett, das genau wie das Mittagessen und kleine Zwischendurchsnacks ebenfalls im Preis enthalten ist. Eine Liege lässt sich einfach finden, denn es gibt jede

Caesar, David und Delfin Iggy

Manta, Manta!

Wie Alienraumschiffe aus fernen Welten schweben die Rochen in der spektakulären Meerwasserwelt von Discovery Cove an Fischschwärmen, Korallen und Besuchern vorbei. Kinder ab 6 Jahren dürfen für $ 50 extra den Meeresexperten bei der Fütterung dieser samtweichen Urviecher zur Hand gehen. 30 bis 45 Minuten dauert die Fütterung und sie ist nichts für Langschläfer, denn je nach Jahreszeit wird ab 7 Uhr serviert.

Menge und alle haben eine prima Aussicht. Jetzt aber ab ins Wasser! Die „Serenity Bay", ein herrlicher Pool mit 28 Grad Wassertemperatur und einem flachen Strandeinstieg, ist perfekt auch für die ganz Kleinen. Wenn Sie auf einen Kinderwagen nicht verzichten können, bekommen Sie vor Ort eine strandfähige dreirädrige Superreifenkarre, die sich leicht durch den Sand steuern lässt. Inmitten einer üppigen Pflanzenwelt mit hoch aufschießendem Bambus liegt der „Wind-away River", auf dem man sich einfach nur treiben lassen kann.

Schwimmen im Aquarium
Und dann ist da noch „The Reef", eine Salzwasserlagune mit Korallenbänken und Zillionen Fischen, die mal blau, mal gelb gestreift und mal golden schimmern. Mit Schnorchel und Tauchermaske kann jeder, der keine Angst vor großen Fischen hat,

hinabgleiten in die bunte Welt von Nemo und seinen Freunden. Hoppla, was ist denn das? Nicht erschrecken, wenn plötzlich unter Ihnen ein riesiger schwarzer Rochen mit weißen Punkten hindurchschwebt. Streicheln Sie mal die kleineren Rochen, die mit ihrem sanften, wellenartigen Flügelschlag ganz nah am Ufer schwimmen. Weiter hinten gibt's eine echte Überraschung, bei der das Herz schnell mal in die Badehose rutschen kann. Hier warten neugierige Haie, die natürlich durch eine Sicherheitsglasscheibe von den Schwimmern getrennt sind, denn Sicherheit steht überall

Traumhafte Unterwasserwelt von Discovery Cove

Die tollsten Attraktionen für Kinder

Spaziergang unter Wasser

Lust auf einen Unterwasserspaziergang am „Grand Reef"? Bei der **SEAVENTURE UNDERWATER TOUR** spazieren Sie mit einem Tauchhelm über den Meeresboden und treffen auf allerlei Meerestiere. SeaVenture endet mit der Fütterung von gewaltigen Fischschwärmen. Ein einmaliges Erlebnis, das mit einem Spaziergang auf dem Mond vergleichbar ist. Für das 45-minütige Programm müssen die Teilnehmer über 10 Jahre alt sein (ab $ 49 pro Pers.).

in **DISCOVERY COVE** an erster Stelle. Die Lifeguards haben das Getümmel jederzeit im Blick. Das Highlight des All-inclusive-Tages in Discovery Cove ist das Schwimmen mit Delfinen. Einer der Delfine ist ein echter Poser. Man merkt, dass ihm die Berührungen seiner glatten Haut, die sich wie ein hart gekochtes, abgekühltes Ei anfühlt, angenehm sind. Und auch die Küsse scheinen ihm zu schmecken.

DISCOVERY COVE, *6000 Discovery Cove Way, Orlando, FL 32821, Tel. +1-407-513 46 00, www. discoverycove.com. Tägl. 9-17, Frühstück ab 7.15 Uhr. Erw. u. Kinder (ab 6 J.) $ 229 (Dolphin Swim, 14-tägiger Eintritt für SeaWorld Orlando und Aquatica inkl.), Kinder (3-5 J.) $ 169.*

Disney's Magic Kingdom

Willkommen in der zauberhaften Welt von Walt Disney – einem magischen Königreich, in dem Micky Maus und Donald regieren und in dem Träume Wirklichkeit werden. Aber der Reihe nach. **DISNEY'S MAGIC KINGDOM** ist eine echte Herausforderung, der Sie sich am besten mit genauer Planung stellen. Für einen Tag in dieser Zauberwelt sollten Sie von vornherein wissen, was Sie erleben wollen, denn an einigen der Attraktionen kann es wirklich lange Wartezeiten geben. Greifen Sie sich also gleich beim Eintritt in den Disney-Park eine Parkmap, einen Übersichtsplan, in deutscher Sprache. Überlegen Sie sich eine Route. Wie alt ist Ihr Kind? Sind atemberaubende Achterbahnen genau das Richtige? Oder muss die Welt Ihres Kindes rosarot und ruhig daherflattern?

Piraten und Puppen

Mutige schlagen am besten den Weg rechtsherum ins „Tomorrowland" ein. 1,02 Meter groß müssen die Kleinen mindestens sein, um auf den „Space Mountain"-Zug, eine Indoorachterbahn, aufzusteigen. Sollte die Schlange zu lang sein, ziehen Sie einen Fastpass (siehe Seite 90) und kommen Sie einfach später wieder. Wer links beim Cinderella-Schloss abbiegt, den führt der Weg ins „Adventureland", wo der Baum der Schweizer Familie Robinson zur Hausbegehung einlädt.

Märchenhaft!

Erleben Sie am Abend, wenn sich die Sonne nach einem turbulenten Tag zur Ruhe setzt, die **ONCE UPON A TIME SHOW** am Cinderella Castle. Bunt, eindrucksvoll und mit dreidimensionalen Effekten werden Szenen aus beliebten Disney-Geschichten passgenau auf das Schloss und seine nächtlichen Konturen projiziert. Kommen Sie mit auf diese emotionale Reise und lauschen Sie der Gutenachtgeschichte, die Mr Potts dem kleinen Chip erzählt. Eine fantastische Show mit tränentreibender musikalischer Unterstützung. Typisch Disney!

Toll gemacht und täuschend echt. Ein kleines Stückchen weiter laden die „Pirates of the Caribbean" zu einer schaurig-schönen Bootsfahrt im Dunkel der Nacht ein. Das „Frontierland" hat zwei rasante Fahrten im Angebot: die „Big Thunder Mountain Railroad" und den „Mountain Splash". Beide erfordern eine Mindestgröße von 1,02 Metern. Im „Fantasyland" wird es geradezu märchenhaft, z. B. bei einer Bootsfahrt durch eine bonbonfarbene Puppenwelt. Achtung, akute Ohrwurmgefahr beim Titelsong „It's a small World"! Die Melodie wird man nie wieder los.

Das Kind in dir und mir

Wünschen Sie auch manchmal, für ein paar Augenblicke wieder Kind zu sein? Dann steigen Sie ein in eins der kleinen Wolkenschiffe und fliegen Sie im „Peter Pan's Flight" über das nächtliche London hinein in das Zimmer der Darling-Kinder Wendy, Michael und John. Weiter hebt Sie der Flug mit aufgeblähten Segeln hinweg über den erleuchteten Big Ben und die Tower Bridge, die breitbeinig über der Themse steht. Halten Sie beim Aussteigen Ausschau nach Peter Pan, der sich manchmal in der Nähe versteckt. Wenn Ihr Kind Autogramme der Disney-Stars sammelt, sollten Sie beim Eingang oder beim Guest Service nach Time Guides fragen, denn es gibt bestimmte Zeiten und Orte, an denen sich die Disney-Helden blicken lassen. Und manchmal läuft einer auch einfach so an Ihnen vorbei. Ältere Kinder, die hauptsächlich auf

die Achterbahnen scharf sind, haben eventuell Lust, „Hidden Mickeys", versteckte Micky-Köpfe mit den unverkennbaren Micky-Ohren, zu finden. Halten Sie die Augen offen. Manchmal werfen sogar die Straßenlaternen Micky-Schatten auf den Boden. Falls Sie nach Parkschließung immer noch nicht genug von Micky und seinen Freunden haben, können Sie noch bis tief in die Nacht im Disney-Village shoppen, essen und dem Zauber der imaginären Helden erliegen.

DISNEY'S MAGIC KINGDOM,
3111 World Drive,
Lake Buena Vista, FL 32830,
Tel. +1-407-824 45 00, www.
disneyworld.disney.go.com. Kern-
zeit tägl. 9-18 Uhr. Tagesticket
Erw. $ 107, Kinder (3-9 J.) $ 101.

Die tollsten Attraktionen für Kinder

Ein Schnappschuss mit Pluto und Goofy fürs Fotoalbum daheim

Pandora: Die Welt von Avatar

In **DISNEY'S ANIMAL KINGDOM** liegt seit dem 27. Mai 2017 das Tal von Mo'ara in **PANDORA: THE WORLD OF AVATAR**. Es scheint auch heute noch, als wären alle Erdbewohner nach Pandora unterwegs, um die fabelhaften Kreaturen und ihren ganz besonderen Zauber zu erleben, die Besucherströme reißen nicht ab. Kein Wunder, denn die faszinierende Fantasiewelt des James-Cameron-Kinoblockbusters ist bis ins allerkleinste Detail durchdacht: Hören Sie mal genau hin! Und schauen Sie sich diese Pflanzenwelt an! Sehen Sie die fliegenden Inseln mit dem Wasserfall? Übrigens ein perfekter Spot für ein Erinnerungsfoto. Ihre Kinder

Schnelles Durchkommen

Um Zeit zu sparen und lange Warteschlangen an den beliebtesten Attraktionen zu vermeiden, sollten Disney-Park-Besucher den kostenlosen **FASTPASS** ziehen, indem Sie das Eintrittsticket in den dafür vorgesehenen Automaten stecken. Auf diesem steht der Name der Attraktion und eine Zeitangabe, zum Beispiel 14 bis 15 Uhr. Während der ausgewählten Zeit dürfen Sie dann die Attraktion über den Fastpass-Eingang betreten, ohne anstehen zu müssen, denn Ihr Platz wurde elektronisch vorgebucht. Eine prima Sache, um keine kostbare Urlaubszeit zu vergeuden.

Das Abenteuer beginnt: Steigen Sie ein für die „Na'vi River Journey"

toben sich danach auf den Trommeln unter den fliegenden Felsbrocken musikalisch aus. Der Eingang zur „Na'vi River Journey", die Sie auf keinen Fall verpassen sollten, liegt nur ein paar Schritte weiter. Wer sich gleich morgens einen der begehrten Fastpasses (siehe Kasten Seite 90) geholt hat, muss auf dieses Familienerlebnis nicht ganz so lange warten.

Wesen vom anderen Stern
Durch eine Höhlenwelt mit fluoreszierenden Wesen von einem anderen Stern dürfen Sie als friedlicher Beobachter durch die Na'vi-Welt gleiten. Sollten Sie Bedenken haben, weil der Film von der FSK erst ab 12 Jahren empfohlen wurde, werfen Sie die schnell über Bord, denn die Schönheit Pandoras ist ganz ohne filmische Vorkenntnisse sowie auch für jüngere Kinder bestens geeignet und ganz einfach zu verstehen.

Aufsteigen zum Flug mit einem Ikran
Der ultimative Ride in Pandora, zumindest für alle, die mindestens 1,12 Meter groß sind, ist der „Avatar Flight of Passage". Trauen Sie sich, einen Ikran oder, wie die Menschen ihn nennen, eine Banshee zu fliegen? Dann nichts wie rauf auf den Flugdrachen, es erwartet Sie ein dreidimensionaler Wahnsinnsritt direkt in James Camerons Welt von Avatar. Fast fünf Minuten lang dauerhafte

Adrenalinschübe und jede Menge Glücksgefühle garantiert.

Disney's Animal Kingdom
Und dann wartet da ja auch immer noch die reale Welt mit den Schönheiten der Erde in DISNEY'S ANIMAL KINGDOM. Auch hier gibt es viel zu staunen und zu erleben. Gehen Sie auf Foto-Safari in Afrika, brettern Sie im ungefederten Jeep vorbei an Krokodilen, Nashörnern, Elefanten, an Antilopen und an Löwen. Aber halten Sie sich bloß bei den Brücken fest! Oder entspannen Sie in Asien beim „Maharajah Jungle Trek" und spazieren Sie vorbei an uralten Ruinen und exotischen Tieren. Tierisch schön.

DISNEY'S ANIMAL KINGDOM, *Osceola Parkway, Lake Buena Vista, FL 32830, www.disney world.disney.go.com. Kernzeit tägl. 9-18 Uhr. Tagesticket Erw. $ 99,50, Kinder (3-9 J.) $ 83.*

Afrikanische Trommler im Animal Kingdom

Wizarding World of Harry Potter

Wahre Harry-Potter-Fans haben in Orlando ihr Mekka gefunden, denn die **WIZARDING WORLD OF HARRY POTTER** ist magischer Anziehungspunkt für Besucher aus aller Welt. Im Juni 2010 eröffnet, ist das Gedränge an dieser Attraktion noch immer groß, zweistündige Wartezeiten sind keine Seltenheit. Keine Angst, selbst das Warten macht hier Spaß und wird zum Erlebnis, führt es doch vorbei an sprechenden Porträts, Zauberhüten, schwebenden Kerzen und den Filmhelden selbst. Kommen Sie am besten ganz früh am Morgen, wenn der Park gerade aufgemacht hat. Gehen Sie rechtsherum, vorbei an „Seuss Landing", einer bonbonfarbenen Welt, und schon sind Sie am Ziel. Der Hogwartszug wartet auf gemeinsame Erinnerungsfotos, doch lassen Sie ihn erst einmal rechts liegen und schreiten Sie schnellen Schrittes auf Hogwarts zu. Dort, im allerhintersten Bereich des Parks, finden Sie gleich mehrere Warteschlangen für die angesagten Rides. Für Kinder ab ca. 1,22 Meter Größe empfiehlt sich „Harry Potter and the Forbidden Journey", ein beeindruckender Simulationsflug. Der Weg führt durch Hogwarts, bevor man in einer Art Gondel Platz nimmt, die Sie dann hoch in die Luft hebt, vorbei an den spuckenden Dementoren und durch einen Wasserstrahl. Igitt! Ach du Elend, Riesenspinnen. Schnell Harry hinterher und mitten hinein ins Quidditch-Spiel. Jetzt aber fix zum neuesten Teil der Harry-Potter-Welt: nach Hogsmeade, ein bis ins Detail vorlagengetreuer Nachbau der bekannten Schauplätze Hogsmeade und Hogwarts.

Butterbier und Zauberstäbe
Probieren Sie unbedingt auch Butterbier, eine köstliche, alkoholfreie Erfrischung, die wie flüssige Kekse schmeckt. Wahre Magier schauen bei „Ollivander" vorbei und suchen sich ihren persönlichen Zauberstab passend zum Geburtsdatum aus.

UNIVERSAL'S ISLANDS OF ADVENTURE, *6000 Universal Boulevard, Orlando, FL 32819, Tel. +1-407-363 80 00, www. universalorlando.com. Tägl. 9-18 Uhr. Tagesticket Erw. $ 110, Kinder (6-10 J.) $ 105.*

Verzaubert: Schnee im Floridasommer

Forever Florida

Etwa eine gute Stunde von Orlando entfernt erstreckt sich in St. Cloud das private Anwesen von **FOREVER FLORIDA** idyllisch auf 47 Hektar. Schon bei der Einfahrt zeigt sich die Natur von ihrer schönsten Seite. Gleich mehrere Pfauen begrüßen Ankömmlinge mit ihrem leuchtend blauen Gefieder. Der Weg zum Haupthaus ist gut ausgeschildert. Hungrige stillen ihren Appetit mit einem Burger im Cypress Restaurant. Frisch gestärkt können Sie sich ins Abenteuer stürzen. Für Familien mit kleineren Kindern eignet sich das bequeme „Trail Buggy Adventure", eine zweistündige Tour mit einem „Mad Max"-artigen Gefährt, auf dem es vom bequemen Hochsitz aus allerlei zu sehen gibt, neben Pferden und Rindern auch jede Menge Alligatoren, Gürteltiere, Schildkröten und Habichte.

Ziplining: nichts für schwache Nerven

Action = Satisfaction

Das reicht Ihnen an Abenteuer und Nervenkitzel noch nicht? Dann sind die Zipline-Safaris von Forever Florida sicherlich goldrichtig für Sie. Allerdings gibt es ein paar Einschränkungen, die beachtet werden sollten: Wer noch keine 10 Jahre alt ist, der wird auf dieses Abenteuer leider verzichten müssen. Auch das Gewicht spielt eine Rolle. Nicht leichter als 25 und nicht schwerer als 120 Kilo dürfen die Wagemutigen sein – natürlich gesund und nicht schwanger. Wenn das alles passt, steht dem Abenteuer in den Seilen des Hochseilgartens nichts mehr im Weg. Auf die Mutigen wartet ein kilometerlanges Ziplining-Vergnügen. Wer schwindelfrei ist, kann sogar eine Art Achterbahn am Seil erleben. „The Rattlesnake", die Klapperschlange, ist die erste Zipline-Achterbahn in den USA. Trauen Sie sich? Ruhiger geht es auf der „Overnight Horseback Safari" zu – die für Sattelfeste ab 12 Jahren geeignet ist.

FOREVER FLORIDA, *4755 North Kenansville Road, St. Cloud, FL 34773, Tel. +1-407-957 97 94, info@foreverflorida.com, www. foreverflorida.com. Tägl. 8.30-17 Uhr. „Trail Buggy Adventure" Erw. $ 29, Kinder (6-12 J.) $ 20. Tagesticket $ 135 pro Person (inkl. 6 Rides).*

Die tollsten Attraktionen für Kinder

Kennedy Space Center

Bemannte Shuttles werden nicht mehr von der Space Coast Floridas in Richtung Mond geschickt.

Das **KENNEDY SPACE CENTER**, von wo aus jetzt nur noch Raketen starten, hat für Kinder und auch Erwachsene, die gern mal einen Blick in die Weiten des Universums riskieren, trotzdem nichts von seiner Faszination eingebüßt. Hier kann man ohne Weiteres einen ganzen spannenden Tag verbringen.

Fly me to the Moon!
Im „Rocket Garden" ragen riesige Raketen wie Blumen aus einem Beet in den Himmel. Mercury, Gemini … Schilder verraten, um welches Raketenprogramm es sich handelt und was, wann, wo und mit wem in Richtung All unterwegs war. Die Kinder nehmen schnell in einer

Apollo-Kapsel Platz und fliegen zum Mond. Haben Sie schon mal einen Astronauten getroffen? „Astronaut Encounter", also eine Begegnung mit echten Weltraumpiloten, steht im Kennedy Space Center auf der Tagesordnung. Der Astronaut erzählt allerdings auf Englisch von seinen Raumfahrterfahrungen – das ist für deutschsprachige Kinder, die in der Schule gerade erst Englisch lernen, oft wenig verständlich. Allerdings sprechen die gezeigten Bilder eine ganz eigene Sprache und der Fototermin mit dem Astronauten nach dem Vortrag ist auch für deutsche Kinder ein sensationelles Erlebnis! Wer kann schon nach den Ferien behaupten, einem echten Astronauten „High five" gegeben zu haben? Ein Bus bringt Sie etwa zum „Rocket Assembly

Die Triebwerke der Saturn-IB-Trägerrakete

Building", wo Raketen senkrecht zusammengesetzt werden und die Halle so hoch ist, dass sich darin Wolken bilden können! Die Saturn V ist ein wirklich beeindruckendes Geschoss, das einmal Neil Armstrong, Edwin „Buzz" Aldrin und Michael Collins zum Mond katapultierte und mit der Apollo-11-Kapsel wieder sicher zurück auf die Erde beförderte. Die gigantischen Triebwerke der Rakete bringen garantiert nicht nur Kinderaugen zum Strahlen.

Kommandomodul der Apollo-13-Mission

Das ist aber smart – eine App für Ihren Besuch

Laden Sie sich den kostenfreien **KENNEDY SPACE CENTER OFFICIAL GUIDE** als App herunter (bei Google Play und im App Store). Ob zusätzliche Infos zu bevorstehenden Events, etwa der Möglichkeit, einen echten Astronauten zu treffen, oder hilfreiche Antworten auf die Fragen: „Wo ist der nächste Shop?", „… das nächste Restaurant?", „… die nächstgelegene Toilette?", die Software auf dem Handy macht es wirklich easy, den Weg durch das größte Space-Abenteuer auf der Erde zu finden. Besonders spannend: die anstehenden Rocket Launches mit Countdown Timer und die hilfreichen Tipps, von wo aus Sie das Himmelsspektakel am besten und mit dem nötigen Abstand beobachten können.

Wie fühlt sich der Mond an?

Wollen Sie Ihren Lieben den Mond vom Himmel holen? Das ist kein Problem. Ein Stück Mondgestein liegt an der linken hinteren Hallenseite. Fühlen Sie mal! Und achten Sie auf die Gesteinsfarbe. Hätten Sie's erwartet? „Ach, und ich dachte immer, der Mond ist grau!", stellte mein Sohn David überrascht fest. Am Ende eines langen Kennedy-Space-Tages sollten Sie unbedingt noch einen Abstecher in einen der Souvenirshops machen: T-Shirts mit tollen Prints der NASA oder amüsanten Sprüchen wie „I need my Space", Fliegerjacken, Apollo-Aufnäher, Küchenmagnete, Astronautenanzüge für Faschingstage, Anstecker … Ein ganz besonders außergewöhnliches und einzigartiges Mitbringsel für nur $ 5,99 ist ein kleines Röhrchen mit echtem Meteoritengestein. Mein Sohn Caesar hat das nach den Ferien mit in die Schule genommen und jede Menge „Ahs" und „Ohs" dafür geerntet.

KENNEDY SPACE CENTER,
State Road 405, Kennedy Space Center, FL 32899, Tel. +1-855-433 42 23, www.kennedyspacecenter.com. Tägl. 9-18 Uhr. Erw. $ 50, Kinder (3-11 J.) $ 40.

Dolphin Research Center

Auf Grassy Key ist das **DOLPHIN RESEARCH CENTER** kaum zu übersehen. Wenn Sie von Norden kommen und am Mile Marker 59 an der rechten Straßenseite eine große graue Delfinskulptur erkennen, dann haben Sie Ihr Ziel erreicht. Bereits 1958 wurde hier von Milton Santini die erste Delfinschule eröffnet. Santini, der zuvor als Fischer und Delfinjäger gearbeitet hatte, sprengte tiefe Löcher in den korallenartigen Untergrund und schuf so einen Lebensraum für seine Delfine. Der bekannteste tierische Bewohner war Flipper, der übrigens – Achtung, liebe Eltern, die ihr „Flipper" aus dem gleichnamigen Spielfilm von 1963 kennt, jetzt kommt eine Nachricht, die eventuell nur schwer zu verkraften ist, also vielleicht die Augen schließen und die nächsten Worte überspringen – eine Delfinfrau war und Mitzi hieß. Sie dürfen die Augen jetzt wieder öffnen. Wenn Sie sich entschieden haben, einen Tag im Dolphin Research Center zu verbringen, können und werden Sie eine ganze Menge über Delfine lernen. Auch wenn der eine oder andere des Englischen nicht so wirklich mächtig ist, reines Beobachten ist schon die halbe Miete. Kinder und auch Erwachsene sind jedes Mal ganz aufgeregt, wenn ein paar Meter entfernt ein Delfin aus dem Wasser springt oder einen Seitenklatscher aufs Wasser macht, um die Besucher ein bisschen zu „erfrischen". Delfine, das ist ganz klar, haben einen sehr guten Humor!

Wie viele Zähne haben Delfine?

Wussten Sie, was Delfine fressen? Trinken die grauen Superschwimmer eigentlich Wasser und wie gut können Delfine gucken? Sehen sie in Farbe?

Erste Kontaktaufnahme: Die Delfinfreunde Louis und Delta begrüßen Caesar

Einzigartige Delfin-Kunstwerke

Wussten Sie schon, dass Delfine echte Künstler sind? Das glauben Sie im Leben nicht? Nun, im Dolphin Research Center gibt es den kunterbunten, malerischen, jungen und wilden Gegenbeweis. Kein Monet, Picasso oder Degas: Hier auf Grassy Key heißen die Künstler Pax, Merina und Tursi und, so unglaublich es auch klingt, ihre tierischen Werke können sich sehen lassen. Malen Sie doch mal mit einem Delfin, halten Sie ihm ein T-Shirt vor die lange Nase und freuen Sie sich dann auf das Resultat, das Sie mit nach Hause nehmen können, um es stolz auf der Brust zu tragen. Der kreative Spaß ist schon etwas für Kinder ab 3 Jahren. Kinder, die jünger als 8 Jahre sind, müssen allerdings von einem Erwachsenen begleitet werden. Die zusätzlichen Kosten für die Malsession belaufen sich auf $ 65, $ 10 zahlt die erwachsene Begleitperson.

schwimmen können und mindestens 5 Jahre alt sind, dann entscheiden Sie sich eventuell für das „Dolphin Encounter Program", bei dem es zu einer tierischen Begegnung im Wasser mit abschließendem gemeinsamem Schwimmen kommt. Kinder in dieser Altersgruppe müssen allerdings von einem zahlenden Erwachsenen begleitet werden. Für einen Tag als Trainer entscheiden Sie sich am besten, wenn das Englisch schon etwas flüssiger ist und Sie oder Ihre Kinder den Anweisungen der Trainer besser folgen können. Aber auch ein „Meet the Dolphin" mit einer ersten Berührung ist schon ein unvergessliches Erlebnis für Kinder – und auch für Erwachsene.

DOLPHIN RESEARCH CENTER, *58901 Overseas Highway, Grassy Key, FL 33050, Tel. +1-305-289 11 21, www.dolphins.org. Tägl. 9-16.30 Uhr. Erw. $ 28, Kinder (4-12 J.) $ 23, „Dolphin Encounter" $ 199, „Meet the Dolphin" $ 50 (jeweils inkl. Eintritt).*

Die tollsten Attraktionen für Kinder

Oder nur in Schwarz-Weiß? Es gibt ja so viel zu lernen über Flipper und seine Freunde!

Wenn Träume wahr werden
Das Dolphin Research Center bietet Ihnen und Ihren Kindern gleich mehrere Möglichkeiten einer Begegnung mit den wunderbaren Meeresbewohnern. Wenn Ihre Kinder bereits

Delfinische Freudensprünge

Tarpon Bay Explorers

Mit dem Kajak durch beinahe unberührte Natur. Vorbei an entwurzelten Bäumen, die ihre Arme über die schmalen Wasserwege strecken, hinein in den Mangrovenwald, in dem hier und da ein weißer, langbeiniger Reiher auf der Suche nach frischer Fischnahrung ist. Eine Kajakfahrt im Naturschutzgebiet von Sanibel ist ein Vergnügen für die ganze Familie. Auch die Allerkleinsten können dabei sein, denn Schwimmwesten hat man bei

den **TARPON BAY EXPLORERS** in allen Größen vorrätig. Also rein in die Boote, die Sie gemütlich an Land besteigen. Nehmen Sie Platz, einer der freundlichen Mitarbeiter schiebt Sie ins Wasser. Falls Sie Ihre Kamera mitnehmen möchten, fragen Sie nach einer wasserfesten Aufbewahrung. Los geht's! Paddelschlag im Gleichklang. Rechts, links, rechts, links … Ein bisschen über freies Wasser, wo besonders Glückliche schon mal einen wilden Delfin zu sehen bekommen. Dann nur noch den 17 Trail-Schildern folgen und die Ruhe genießen.

TARPON BAY EXPLORERS,
900 Tarpon Bay Road, Sanibel Island, FL 33957, Tel. +1-239-472 89 00, www.tarponbayexplorers.com. Kajakmiete für 2 Std. Doppel $ 33, Single $ 25, Guided Tour (ca. 1,5 Std.) Erw. $ 30, Kinder (ab 5 J.) $ 20 plus Tax, Reservierung erforderlich.

Mit dem Kajak in den Mangrovensümpfen

Delfindame Winter wird im Clearwater Marine Aquarium gehegt und gepflegt

Clearwater Marine Aquarium

Kennen Sie Winter, den Delfin ohne Schwanzflosse? Winter aus dem Kinofilm „Mein Freund, der Delfin" gibt es wirklich und die Geschichte, die im Film erzählt wurde, ist auch tatsächlich – zumindest ähnlich – passiert. Fragen Sie doch mal Ihre Kinder, ob sie Winter besuchen möchten. Die meisten Kids sind Feuer und Flamme und können es gar nicht abwarten, den berühmten Delfin im Clearwater Marine Aquarium einmal „in echt" zu sehen. Lassen Sie sich inspirieren von den spannenden Geschichten diverser Tierrettungen und werfen Sie während der „Behind the Scenes"-Tour noch einen genaueren Blick auf die Tiere im Rehabilitationszentrum.

CLEARWATER MARINE AQUARIUM,
249 Windward Passage, Clearwater, FL 33767, Tel. +1-727-441 17 90, www.seewinter.com. Tägl. 9 bzw. 10-18 Uhr, je nach Saison. Erw. $ 22,95, Kinder (3-12 J.) $ 17,95, „Behind the Scenes Tour" zzgl. Erw. $ 16,95, Kinder (3-12 J.) $ 11,95.

Dalí Museum

Ein Museumsbesuch ist nichts für Ihre Kleinen? Das glaube ich nicht, denn die Meisterwerke von Salvador Dalí sind echte Hingucker, die allerlei Überraschungen verbergen. Auf eine Reise in die Bilderwelt des katalanischen Surrealisten begibt sich, wer mit dem nötigen Abstand das Meisterwerk „Der halluzinogene Torero" betrachtet. Treten Sie einen Schritt zurück und schauen Sie gemeinsam mit Ihren Kindern ganz genau hin. Was sehen Sie? Vier oder sogar sechs Frauenskulpturen und einen Keulenschwinger? Und jetzt gucken Sie noch mal. Ist nicht eventuell die Brust der zweiten Frau von rechts die Nase des Toreros? Ihr Bauch nicht eher Mund und Kinn? Lassen Sie die Blicke wandern zu den bunten Punkten links unten im Bild. Erkennen Sie den Stierkopf? Und, weint der etwa? Immer weiter geht es in dieses Wahnsinnswerk hinein. Bis Sie, ja, bis Sie die Frau auf der Luftmatratze sehen, die ganz genüsslich und entspannt im Pool der Tränen badet. Warten Sie auf die Reaktionen Ihrer Kinder, wenn sie plötzlich die Figuren erkennen.

Ansichtssachen

Ein weiteres Überraschungswerk hängt nur wenige Schritte entfernt und zeigt eine nackte Frau, die das Meer betrachtet. Oder sehen Sie etwas anderes? Auch hier gilt: Ein Positionswechsel erweitert den Blick. Wenn Ihnen und Ihren Kindern das nicht gleich gelingen sollte, drehen Sie dem Bild ruhig mal den Rücken zu und schauen Sie rückwärts in eine Sonnenbrille. Sehen Sie es jetzt? Der Mann ist übrigens Abraham Lincoln und die nackte Frau ist Gala, Dalís Ehefrau und Muse. Das Bild heißt „Gala Contemplating the Mediterranean Sea which at Twenty Meters Becomes the Portrait of Abraham Lincoln". Jetzt aber noch schnell zum Wish Tree im Avant-garden, der dem surrealen Künstler gewidmet ist, und einen Wunsch am Baum hinterlassen!

„Der halluzinogene Torero" von Salvador Dalí

DALÍ MUSEUM, *1 Dalí Boulevard, St. Petersburg, Fl 33701, Tel. +1-727-823 37 67, www.thedali.org. Mo-Mi, Fr, Sa 10-17.30, Do 10-20, So 12-17.30 Uhr. Erw. $ 24, Kinder (13-17 J.) $ 17, (6-12 J.) $ 10.*

⑤

GUT ZU WISSEN

Fakten
von A bis Z

Ankunft und Einreise

FLUGHÄFEN: Von Deutschland aus fliegen die meisten Fluggesellschaften **ORLANDO INTERNATIONAL AIRPORT** *[www.orlandoairports.net]* oder **MIAMI INTERNATIONAL AIRPORT** *[www.miami-airport.com]* an. Lufthansa *[www.lufthansa.com]* fliegt täglich direkt Frankfurt-Miami. Andere Fluggesellschaften bieten Verbindungen mit Zwischenlandungen nach Miami, Fort Lauderdale, Fort Myers, Orlando und Tampa an. Die Flugzeit beträgt 9 bis 14 Stunden. Immer wieder steht Florida auch bei Billiganbietern auf dem Programm.

ESTA-GENEHMIGUNG: Für eine Reisedauer von max. 90 Tagen benötigt jeder Mitreisende eine ESTA-Genehmigung, die eine visumfreie Einreise in die USA garantiert. Diese muss spätestens 72 Stunden bzw. 3 Tage vor Reiseantritt online *[https://esta.cbp.dhs.gov/esta]* beantragt werden.

Dabei fallen Kosten an, denn das US-Heimatschutzministerium hat die Einführung einer ESTA-Gebühr in Höhe von $ 14 beschlossen. Die ESTA-Gebühr setzt sich aus zwei Beträgen zusammen: $ 4 Bearbeitungsgebühr und $ 10 Genehmigungsgebühr. Sollte Ihr ESTA-Antrag abgelehnt werden, wird nur die Gebühr für die Bearbeitung des Antrages erhoben, also $ 4. Die gesamte Summe wird von Ihrer Kreditkarte abgebucht. Nach zwei Jahren oder nach Ablaufdatum Ihres Reisepasses muss die ESTA-Genehmigung für eine weitere Einreise in die USA erneuert werden. Die Gebühr wird übrigens nicht pro Einreise, sondern pro ESTA-Antrag erhoben.

APIS-FORMULAR: Alle Fluggesellschaften sind gesetzlich dazu verpflichtet, Passagier-Flug- und -Kontaktdaten an die zuständige US-Behörde weiter-

Vom Terminal des Flughafens in Orlando geht's direkt ins Hyatt Regency Hotel

Maßeinheiten

1 INCH = 2,54 cm
1 FOOT (12 INCH) = 30,48 cm
1 MILE (5280 FEET) = 1,61 km
1 OUNCE = 28 g
1 POUND (16 OUNCES) = 0,45 kg
1 QUART (flüssig) = 0,9 l
TEMPERATUR: 33 °F = 0 °C,
77 °F = 25 °C, 95 °F = 35 °C
DAMENGRÖSSEN: 4 = 34; 6 = 36;
8 = 38; 10 = 40; 12 = 42 etc.
HERRENGRÖSSEN: 36 = 46;
38 = 48; 40 = 50 etc.

zuleiten. Für kürzere Wartezeiten beim Check-in bietet es sich an, das dazu benötigte APIS-Formular *[www. usatipps.de, Suche: APIS-Formular]* online auszudrucken und ausgefüllt zum Flughafen mitzubringen.

ZOLL: Während des Fluges werden Sie gebeten, für Ihre Familie ein Zollformular in englischer Sprache auszufüllen. Dort müssen Sie angeben, ob Sie mit bestimmten Waren oder Geld in die USA einreisen. Erlaubt sind Lebensmittel wie Gebäck und Süßigkeiten, aber bitte keine Kinderüberraschungseier, denn die sind wegen der nicht essbaren Inhalte tatsächlich illegal. Personen über 21 Jahre dürfen 200 Zigaretten, 1 l Alkohol und Geschenke im Wert von $ 100 mitbringen. Zudem sind Sie berechtigt, bis zu $ 10.000 einzuführen. Höhere Summen müssen vorher bei der Zollbehörde angemeldet werden (Freibeträge siehe auch Seite 112).

MEDIKAMENTE: Betäubungsmittel und gefährliche Medikamente werden vom Flughafenpersonal beschlagnahmt. Für Medikamente mit Inhaltsstoffen, die bedenklich sein könnten, wie Hustenmedizin, harntreibende Mittel, Herzberuhigungs- oder Schlafmittel sowie Antidepressiva und Aufputschmittel, müssen die dazugehörigen Beipackzettel und ein ärztliches Attest in englischer Sprache mitgeführt werden.

VOM FLUGHAFEN IN DIE STADT

ORLANDO: Mit Kindern und viel Gepäck ist es von Vorteil, mit dem Taxi zum Hotel zu fahren. Je nach Entfernung kostet eine Fahrt zwischen $ 12 und $ 105. Wer längere Strecken durch Florida fahren will, kann nach Ankunft am Flughafen ein Auto mieten (sofern noch nicht von zu Hause aus geschehen). Die Angebote liegen je nach Autogröße ab ca. $ 50 pro Tag. Am preiswertesten kommt man ins Stadtinnere mit dem Bus. Die Buslinie heißt Lynx 52 *[www.golynx.com oder per kostenloser App „LYNX Bus Tracker"]* und kostet ca. $ 2 pro Person.

MIAMI: Auch in Miami ist es am bequemsten, ein Taxi *[www.taxifare finder.com]* oder einen Uber *[www. uber.com oder laden Sie sich bereits vor der Reise die kostenlose App herunter]* zu nehmen. Wer lieber gleich ein Auto mieten möchte, muss zuerst mit dem kostenlosen MIA Mover zur Rental Car Station fahren. Davon abgesehen bieten auch viele Hotels einen kostenlosen Abholservice an. Schauen Sie auf der hoteleigenen Website nach oder fragen Sie direkt bei der Buchung im Reisebüro.

Auskunft

Über Vergünstigungen, Events etc. informieren Sie sich am besten in

Gut zu wissen

Spartipp

Die kostenlose **ORLANDO MAGICARD** bietet Ihnen Vergünstigungen bei vielen Attraktionen, Restaurants und beim Shopping. Sie können die Magicard online ausdrucken (www.visitorlando.com) oder im Orlando Official Visitor Center (Adresse siehe unten) abholen.

Touristencentern vor Ort, z. B.:
ORLANDO OFFICIAL VISITOR CENTER *8102 International Drive, Orlando, FL 32819, Tel. +1-800-972 33 04, www.visitorlando.com. Tägl. 8-21 Uhr.*
GREATER MIAMI CONVENTION & VISITORS BUREAU *701 Brickell Avenue, Suite 2700, Miami, FL 33131, Tel. +1-305-539 30 00, www.miamiandbeaches.com. Mo-Fr 8.30-17 Uhr.*

Autovermietung
Günstige Mietwagenanbieter sind **SUNNY CARS** *[www.sunnycars.de]* und **HOLIDAY AUTOS** *[www.holidayautos.de]*. Wer mehrere Anbieter vergleichen möchte, kann auch bei www.check24.de suchen. Bei US-Mietwagenvermietungen achten Sie unbedingt auf CDW (Collision Damage Waiver) und LDW (Lost Damage Waiver). Sie garantieren eine Vollkaskoversicherung mit reduzierter Haftung bzw. Haftbefreiung bei Diebstahl. Bei der Buchung in Deutschland sind diese Versicherungen in der Regel schon im Mietpreis enthalten. Bei den Anbietern in Florida sollten Sie genau aufpassen,

ob diese Versicherungen noch extra dazugebucht werden müssen. Eigene Kindersitze können aus Deutschland mitgebracht werden. Fragen Sie bei Ihrer Fluggesellschaft nach, ob die Sitze kostenlos transportiert werden können, wenn nicht, könnte es günstiger sein, vor Ort einen Sitz zu mieten bzw. zu kaufen.

Babysitter
In vielen der größeren Hotels und Resorts werden Babysitter direkt vom Hotel zur Verfügung gestellt. Sollte Ihr Hotel diesen Service nicht anbieten und Sie brauchen aber dringend eine Kinderaufsicht, dann fragen Sie an der Rezeption, ob es eine vertrauensvolle Adresse vor Ort gibt. In Miami vermittelt die **BABYSITTING COMPANY**

Mit dem Trolley durch Orlando

Der einfachste Weg, den International Drive und die wichtigsten Sehenswürdigkeiten Orlandos zu erkunden, ist mit dem **I-RIDE-TROLLEY-BUS** (www.iridetrolley.com, siehe auch Tour 1, ab Seite 34). Es gibt eine rote sowie eine grüne Linie, die die gesamte Gegend um den International Drive abdecken. Die Busse der roten Linie fahren alle 20, die der grünen alle 30 Minuten, von 8 bis 22.30 Uhr. Pro Fahrt zahlen Erw. $ 2, Kinder (3-9 J.) in Begleitung eines Erw. $ 1. An einigen Haltestellen können Sie kostenlos umsteigen.

Der I-Ride Trolley ist eine gute und günstige Alternative fürs Sightseeing

*[6538 Collins Avenue, Miami Beach,
FL 33141, Tel. +1-888-407 78 22,
info@thebabysittingcompany.com,
www.thebabysittingcompany.com]*
geeignete Babysitter.

Bus, Bahn & Taxi

ORLANDO: Orlando ist mit einem
gut vernetzten Bussystem ausgestattet.
Es bietet Verbindungen innerhalb
der Stadt, zum Flughafen und zu
den Themenparks. Im Zentrum
fährt der kostenlose LYMMO-Bus.
Alle anderen Busse sind mit der
Bezeichnung Lynx *[www.golynx.com]*
und der entsprechenden Linien-
nummer gekennzeichnet. Es gibt
Fahrkarten für 1, 7 oder 30 Tage.
Eine Tageskarte lohnt sich bereits
ab mehr als 2 Fahrten.
MIAMI: Miami bietet zusätzlich zu
einem Busnetz (Metrobus) auch ein
sehr gutes Bahnensystem (Metrorail)
an. Praktisch dafür ist die EASY Card.
Sie kostet $ 2 Grundgebühr und

kann mit einer Tages-, Wochen- oder
Monatskarte bzw. einem Geldwert
bis zu $ 150 aufgeladen werden. Eine
Einzelfahrt kostet ca. $ 2. Preiswert ist
außerdem der Bus South Beach Local,
der vom South Pointe Drive bis zur
20th Street im Norden fährt ($ 0,25
pro Fahrt – Achtung, immer passend
zahlen!). Darüber hinaus verfügt
Miami über eine kostenlose Hoch-
bahn (Miami-Dade Metromover),
die die Zonen Omni, Downtown und
Brickell bedient. Der Metromover ist
mittlerweile selbst zu einer touris-
tischen Attraktion geworden.
Die Hauptverkehrszeiten in Florida
liegen zwischen 8 und 9.30 Uhr sowie
zwischen 16 und 18 Uhr. In dieser
Zeit könnte es schon mal länger dauern, ein Taxi zu bekommen. Die Taxi-
preise variieren von Stadt zu Stadt.
Um sich ein genaueres Preisbild einer
angedachten Taxitour zu machen,
werfen Sie einen Blick auf den Taxi-
finder *[www.taxifarefinder.com]*.

Gut zu wissen

Auskunft über Bus- und Bahnverbindungen in ganz Florida finden Sie unter: *www.greyhound.com, Tel. +1-800-231 22 22, oder www. amtrak.com, Tel. +1-800-872 72 45.*

Camping

Von einfachen Zeltplätzen bis zu luxuriösen Wohnmobilen – Florida bietet Hunderte Campingplätze für jeden Geschmack und alle Bedürfnisse. Campingsaison ist das ganze Jahr über und die Region ist perfekt für Outdoor-Aktivitäten aller Art.

ORLANDO S.E. / LAKE WHIPPOORWILL KOA

12345 Narcoossee Road, Orlando, FL 32832, Tel. +1-407-277 50 75, www.koa.com, Suche: Orlando SE. Pro Nacht ab $ 45 (Wohnwagen) oder $ 55 (Campinghäuschen).

Die KOA-Campingplätze gibt es schon seit 50 Jahren. Allein in Florida sind es 28, an der Küste wie auch im Inland. Das Lake Whippoorwill KOA gehört zu den etwas teureren Campingplätzen, die Investition lohnt sich aber. Es gibt die Möglichkeit zu zelten, mit dem Wohnmobil anzureisen oder in kleinen Campinghäuschen zu übernachten. Themenparks wie Disney World, Universal Studios, SeaWorld, Legoland oder Holy Land Experience und der Flughafen sind nur 20 Autominuten entfernt.

DISNEY'S FORT WILDERNESS RESORT & CAMPGROUND

4510 North Fort Wilderness Trail, Orlando, FL 32830, Tel. +1-407-824 29 00, www.disneyworldcamping.com. Pro Nacht ab $ 53 (Wohnwagen + Zelt bzw. zwei Zelte).

Als Alternative zum teuren Disney-Resort-Hotel bietet sich perfekt der Disney-Campingplatz an. Dank diverser Aktivitäten für Kinder wie Reiten (Pferde oder Ponys), Abenteuerspielplätze und -swimmingpools, Kino unterm Sternenhimmel etc. sowie der Möglichkeit einer Kinderbetreuung können Mama und Papa auch ein paar entspannte Stunden genießen.

MIAMI EVERGLADES RV RESORT

20675 Southwest 162nd Avenue, Miami, FL 33187, Tel. +1-877-570 22 67, www.rvonthego.com. Ab $ 35 (Wohnwagen) oder $ 49 (Campinghäuschen).

Dieser Campingplatz ist ein Paradebeispiel für die schöne Landschaft in und um Miami. Sowohl Natur- als auch Sportliebhaber kommen hier auf ihre Kosten. Campen Sie unter Mango- und Avocadobäumen und genießen Sie den beheizten Pool ebenso wie das kostenlose Kabel-TV und Wi-Fi. Für die kleinsten Camper steht ein schöner Spielplatz mit eigenem Clubhaus zur Verfügung.

Wer unabhängig von Zeltplätzen oder Campinghäuschen mobil und frei Florida erkunden möchte, kann ein **WOHNMOBIL MIETEN**. Die einfachste, aber auch teuerste Variante ist es, von Deutschland aus zu buchen. Außer einem Preisvergleich bietet das Portal www.usa-reisen.de auch eine kostenlosen Beratungshotline auf der Website an. Bei Fragen können Sie sich auch telefonisch in Deutschland an den Anbieter wenden unter Tel. 030-707 93 40.

In Orlando kann man bei **ROAD BEAR RV RENTALS & SALES** günstig Wohn-

Mit dem Bike direkt an den Beach

hilft Ihnen weiter, falls Ihre Pässe verloren gehen sollten oder es anderweitige Probleme gibt.

Fahrradverleih

ORLANDO:
Kyle's Bike Shop, 203 North Primrose Drive, Orlando, FL 32803, Tel. +1-407-228 70 88, www.kylesbikeshop.net. Mo-Fr 10-19, Sa 10-17 Uhr.

MIAMI:
Miami Beach Bicycle Center, 746 5th Street, Miami Beach, FL 33139, Tel. +1-305-674 01 50, info@bikemiamibeach.com, www.bikemiamibeach.com. Mo-Sa 10-19, So 10-17 Uhr.

KEY WEST:
Eaton Bikes, 830 Eaton Street, Key West, FL 33040, Tel. +1-305-294 81 88, www.eatonbikes.com. Tägl. 8-18 Uhr. Pro Tag Räder für Erw. ab $ 18, mit Kindersitz $ 20, Kinderräder inkl. Helm $ 12.

SANIBEL ISLAND:
Finnimore's Cycle Shop, 2353 Periwinkle Way (im Winds Center), Sanibel Island, FL 33957, Tel. +1-239-472 55 77, www. finnimores.com. Tägl. 9-16 Uhr. Leihgebühr 4 Std. für ein Tandem $ 24.

mobile mieten. Der Verleih befindet sich nur 5 Meilen vom Flughafen entfernt *[7276 Narcoossee Road, Orlando, FL 32822, www.roadbearrv. com. Mo-Fr 8-17, Sa 8-13 Uhr]*. Allgemein sollte mit Mietkosten in Höhe von ca. $ 750-900 pro Woche gerechnet werden.

Diplomatische Vertretung
Das deutsche **GENERALKONSULAT** in Miami *[100 North Biscayne Boulevard, Suite 2200, Miami, FL 33132, Tel. +1-305-358 02 90 (mit Termin Mo-Fr 8.30-11 Uhr, Visa Mo-Do 14.30-15.30 Uhr, Pass Mo-Do 14-15.30 Uhr, sonstige Mo-Fr 11-12.30 Uhr), info@ miami.diplo.de, www.germany.info]*

Ferien
In Florida gibt es keine einheitlichen Ferienzeiten für alle Landkreise (Counties). In den meisten beginnen die Sommerferien Mitte Mai oder Mitte Juli und enden Mitte August bzw. Anfang September.

Geld
Ohne Kreditkarte ist man in den USA generell verloren. Sie können an

Gut zu wissen

allen ATM-Geldautomaten zu dem aktuellen Wechselkurs und geringen Gebühren Bargeld abheben. Zudem gibt es auch die Möglichkeit, sich in Deutschland Traveller-Checks über bestimmte Summen ausstellen zu lassen. Sie sind gegen Diebstahl und Verlust versichert und man kann mit ihnen bezahlen, ohne sie in Bargeld zu wechseln. Deutsche-Bank-Kunden haben den Vorteil, dass sie gebührenfrei mit ihrer Giro-, Kredit- oder Sparcard an allen Filialen der Bank of America abheben können.

Klima und Reisewetter

Nicht umsonst wird Florida liebevoll Sunshine State genannt. Die Sonne scheint (fast) das ganze Jahr und es ist immer warm. Als beste Reisezeit gelten das Frühjahr und der Sommer. Die Temperaturen im Frühling sind angenehm warm und es gibt wenige Regentage im Monat. In den heißen Sommermonaten herrscht oft eine hohe Luftfeuchtigkeit und es kommt nicht selten zu starken Regenschauern

bzw. Gewittern. Die Hurrikanzeit beginnt Anfang Juni und endet im November, wobei der Höhepunkt hier zwischen Mitte August und Mitte Oktober liegt. Die Hurrikane werden vom National Hurricane Center in Miami überwacht [www. noaa.gov]. Ca. 36 Stunden vor dem erwarteten Unwetter wird die sogenannte Hurricane Watch bekannt gegeben. Spätestens bei der Hurricane Warning, die ca. 24 Stunden vor dem Hurrikan angekündigt wird, sollte die Hurrikanzone unbedingt verlassen werden.

Medizinische Versorgung

Die medizinische Versorgung in Florida ist auf einem mit Deutschland vergleichbaren Niveau. Jedoch sollten Sie unbedingt beachten, dass Sie bei Ärzten immer sofort per Kreditkarte bezahlen müssen und die Rechnungen meist mehrere Hundert Dollar betragen können, da Behandlungskosten in den Staaten acht bis zehn Mal höher liegen als in Deutschland.

Klimatabelle Orlando

	Jan	Feb	März	Apr	Mai	Juni	Juli	Aug	Sep	Okt	Nov	Dez
Wassertemperaturen in °C	23	23	24	25	25	27	28	29	28	27	25	24
Lufttemperaturen	22	23	26	28	31	33	33	33	32	29	26	23
Sonnenschein (in Std.) tägl.	7	8	9	9	9	8	9	8	7	7	7	7
Niederschlag (Tage/Monat)	5	6	6	4	7	12	14	14	10	6	5	5

Direkt an der Quelle

Im Norden Floridas in der Nähe von Tallahassee befindet sich eine der größten natürlichen Quellen der Erde, die **WAKULLA SPRINGS**. Der gleichnamige Park bietet eine abenteuerliche Quell-, Sumpf- und Dschungelkulisse, die zum Reiten und Wandern einlädt. Die Highlights sind Bootstouren auf dem Wakulla River und direkt über der Quelle. In der Wakulla Lodge kann man auch übernachten. **EDWARD BALL WAKULLA SPRINGS STATE PARK,** *Wakulla Park Drive, Wakulla Springs, FL 32327, Tel. +1-850-561 72 76, www.floridastateparks.org/ wakullasprings. Tägl. von 8 Uhr bis Sunset.*

Schließen Sie also zwingend vor Ihrer Reise eine Auslandsreisekrankenversicherung ab, die die hohen Kosten in den USA abdeckt und Ihre Nerven im Notfall etwas beruhigt.
ADAC-Mitglieder bekommen auf der ADAC-Website kostenlos eine Liste von Ärzten in Florida.
Das **ARNOLD PALMER HOSPITAL FOR CHILDREN** *[92 West Miller Street, Orlando, FL 32806, Tel. +1-407-649 91 11, www.orlandohealth.com, Suche: Emergency Care]* in Orlando und das **NICKLAUS CHILDREN'S HOSPITAL** *[3100 Southwest 62nd Avenue, Miami, FL 33155, Tel. +1-800-432 68 37, www.mch.com]* bieten eine Rundumversorgung für Ihre Kinder.

Notrufe
Polizei, Feuerwehr, Ärzte: 911
Giftzentrale: +1-800-222 12 22
AAA-24-h-Notdienst: 1-800-AAA-HELP bzw. 1-800-222-43 57.

Öffnungszeiten
Die Öffnungszeiten sind nicht einheitlich in Florida. Kleinere Shops außerhalb von Touristengegenden schließen oft schon gegen 17 Uhr. Große Geschäfte haben meist 8-21/22 Uhr geöffnet. Arbeitszeiten von Banken und Behörden sind 9-17 Uhr. Restaurants öffnen bereits gegen 17 Uhr für das Abendessen – und locken mit entsprechenden Angeboten –, schließen häufig aber bereits um 21 oder 22 Uhr.

Post
Postämter sind Mo-Fr 8.30-17, manche auch Sa 8.30-12 Uhr geöffnet. Eine Postkarte nach Europa kostet $ 1,15.

Rauchen
In Bussen, Zügen, Taxis und öffentlichen Gebäuden ist Rauchen untersagt, ebenso in Gaststätten und Cafés, in denen Essen serviert wird.

Strom
Die Stromspannung in den USA beträgt 110 Volt. Ein einfacher Adapter genügt also nur, wenn Ihr mitgenommenes Gerät sowohl 230 V als auch 110 V verträgt. Sie sollten im Vorfeld unbedingt prüfen, welche Geräte Sie mitnehmen wollen und auch die passenden Adapter testen.

Telefon und Internet
Sie möchten auch in den USA nicht auf Ihr Mobiltelefon verzichten? Dann

Gut zu wissen

gibt es mehrere Möglichkeiten: Gehen Sie z. B. nur online mit einem Wi-Fi-Zugang (z. B. in jedem Starbucks und in den meisten Hotels und Motels). Telefonieren können Sie dann über WhatsApp oder Skype. Sie können sich auch vor Ort eine Prepaid-Card kaufen (z. B. bei Walmart). Wenn Sie etwas länger bleiben, lohnt eventuell eine USA-SIM-Karte über CELLION *[www.cellion.de]*. Die VORWAHL FÜR DEUTSCHLAND ist 01149. Beim Telefonieren innerhalb der USA muss man immer +1 und die jeweilige Landkreisvorwahl wählen. Nummern, die mit 800 beginnen, sind kostenlos. Wer ein internetfähiges Handy oder einen Laptop dabeihat, wird in Florida problemlos freie Wi-Fi-Spots finden *[www.open wifispots.com]*.

Preise und Trinkgelder
In den USA wird guter Service üblicherweise mit einem Trinkgeld belohnt. Bedienungen erhalten 15 % bis 20 % der Gesamtrechnung (vor Steuern). Manche Restaurants schlagen den „tip" allerdings automatisch drauf – schauen Sie sich die Rechnung also genau an, um nicht doppelt zu bezahlen. Zimmermädchen bekommen mindestens $ 1 pro Tag bzw. $ 5 pro Woche. Gepäckträger rechnen mit $ 1 pro Gepäckstück, Taxifahrer mit 15 % Trinkgeld.

Unterkünfte
Um die beste Unterkunft für die eigenen Bedürfnisse zu finden, sollten Sie die Angebote von Hotels, Ferienwohnungen und Campingplätzen (Seite 106) vergleichen. Auch private Gästehäuser mit Frühstück (Bed &

Luxusabsteige – Kids bis 16 Jahre frei

Umsonst wohnen im Zimmer der Eltern – das ist ein Angebot, das The Breakers (siehe Seite 49) seinen Gästen macht. Überlegen Sie sich also, ob Sie die Annehmlichkeiten dieses Grandhotels direkt am Atlantik nutzen möchten: fünf Pools, Lagerfeuer am Strand, Sportspiele für alle Altersgruppen – alles in luxuriösem und äußerst geschmackvollem Ambiente. **THE BREAKERS**, *1 South County Road, Palm Beach, FL 33480, Tel. +1-877-602 81 82, reservations@thebreakers.com, www.thebreakers.com. Zimmerpreise ab $ 289.*

Breakfast) sind in Florida sehr beliebt. Bei **FEWO-DIREKT** *[www.fewo-direkt. de]* kann man online schöne Ferienwohnungen buchen, wobei man mit ca. $ 700 pro Woche rechnen sollte. **AIRBNB** *[www.airbnb.de]* bietet die Möglichkeit, Ferienapartments, Wohnungen und auch Häuser online von privat zu buchen. Bei **BOOKING.COM** *[www.booking.com]* bekommen Sie für jeden Geldbeutel eine Bleibe. Unterkünfte in kleineren Häusern finden Sie auch bei **FLORIDA SUPERIOR SMALL LODGING** *[www.superiorsmalllodging. com]* und ein Verzeichnis von Floridas **BED AND BREAKFAST-PENSIONEN** unter: *www.florida-inns.com*. Die folgenden Unterkünfte, sind bestens auf Kinder eingestellt:

HILTON COCOA BEACH OCEANFRONT

1550 North Atlantic Avenue, Cocoa Beach, FL 32931, Tel. +1-321-799 00 03, www.hilton.com. DZ ab ca. $ 159.

Ein prima Hotel für die ersten Nächte, denn das Hilton Cocoa Beach ist nicht nur einfach online buchbar, sondern liegt auch nur eine knappe Stunde Autofahrt vom International Airport in Orlando entfernt. Für eine vierköpfige Familie fragen Sie unbedingt nach einem Zimmer mit zwei Queensize-Betten. Das Hotel liegt direkt am wunderbaren Strand.

DISNEY'S ART OF ANIMATION RESORT

1850 Animation Way, Lake Buena Vista, FL 32830, Tel. +1-407-938 70 00. Familiensuite (bis zu 6 Pers.) je nach Saison ca. $ 349.

Wer von Disney-Helden nicht genug bekommt, der wird sich sicherlich in einer der 1.120 Familiensuiten des im Mai 2012 eröffneten Disney's Art of Animation Resort besonders wohlfühlen. Die Zimmer und Suiten sind ganz im Design der beliebten Filme „König der Löwen", „Findet Nemo", „Cars" oder „Arielle, die Meerjungfrau" hergerichtet. Besonders für Familien mit kleineren Kindern ein traumhaftes Ferienerlebnis.

FERIENHÄUSER IN CAPE CORAL

Hendrik Hassebroek in Hamburg, Tel. 040-480 06 06, hassebroek@ dib-hamburg.com, www.floridaurlaub. com.de. Ab ca. $ 900 pro Woche für bis zu 4 Pers.

Die geschmackvollen Einfamilienhäuser mit Pool befinden sich in Cape Coral ganz in der Nähe von Fort Myers. Am hauseigenen Steg der Villen Martinique und Chiquita können Motorboote anlegen (bei Interesse nach einer Bootsoption fragen). Zur Villa Sunbeam gehört ein Tretboot.

FLORIDAYS RESORT ORLANDO

12562 International Drive, Orlando, FL 32821, Tel. +1-407-238 77 00, www.floridaysresortorlando.com. Ab € 80 pro Pers. und Nacht.

Das Hotel wurde vom Reiseportal TripAdvisor 2016 und 2017 als eines der familienfreundlichsten ausgezeichnet. Nur 20 Minuten von den Themenparks und Restaurants entfernt, bietet das Haus neben gemütlichen 2- und 3-Bedroom-Unterkünften auch jede Menge Bespaßung für die ganze Familie.

Gut zu wissen

Am International Drive: Floridays Resort Orlando

Einkaufen & Mitbringsel

Urlaub – das ist Erholung und Strand, Abenteuer und Erlebnis, aber in jedem Fall auch Shopping. In dieser Hinsicht hat **ORLANDO** eine große und gute Auswahl in petto, schließlich gehört die Stadt unter die Top Ten der 10 beliebtesten Einkaufsziele in den USA. Mit Luxuseinkaufszentren und Fabrik-Outlets, einzigartigen Boutiquen, Themenpark-Shops, Museumsgeschäften und Kunstgalerien, Antiquitätenhändlern und Bauernmärkten bietet Orlando eine breite Palette, die ihresgleichen sucht. Shoppingmalls mit den bekannten Läden wie The Gap, Old Navy, Macy's, Saks und Nordstrom gibt es fast überall am Highwayrand. Chanel, Dior, Giorgio Armani, Louis Vuitton, Jimmy Choo, Cartier, Rangoni, MaxMara und

Hunderte weitere Designermarken machen in Sachen Spaßfaktor sogar den sieben großen Themenparks Konkurrenz. Die Einkaufsfläche von Orlando ist mittlerweile so groß wie 676 FIFA-Fußballfelder. Aber Vorsicht! Geraten Sie nicht in einen Komplettkaufrausch. Sie dürfen nämlich für Deutschland für maximal € 430 pro Person (Kinder unter 15 J. € 175) steuerfrei einkaufen. Ansonsten müssen Sie Ihre Waren verzollen.

Große Marken

Wer seine Lieblingsmarken genau kennt und seine Kinder und sich selbst gern mal neu einkleiden möchte, der dürfte sich in den Factory-Outlets besonders wohlfühlen. Wie ein italienisches Dorf mit Brücken, Türmchen und mit monströsem Parkplatz präsentieren sich die **ORLANDO PREMIUM OUTLETS** *[4951 International Drive, Orlando, FL 32819, Tel. +1-407-352 96 00, www.premiumoutlets.*

In den Orlando Premium Outlets gibt es Markenware zu kleinen Preisen

Einfach mal in die Luft gehen

Zugegeben, auch dieses Freizeitvergnügen ist kein Schnäppchen, doch die Fahrt im Heißluftballon bei Sonnenaufgang ist einfach himmlisch. Wer sich traut, wird sich über einen spektakulären Blick auf Orlando, Disney World, die Universal Studios und SeaWorld erfreuen können. **MAGIC SUNRISE BALLOONING**, *www.magicsunriseballooning. com. Erw. $ 215, Kinder (ab 6 J.) $ 135. Treffpunkt: 6 Uhr beim Perkins Restaurant, beim Crossroads Shopping Center*

com. Tägl. 10-23 Uhr], wo es aus den letzten Kollektionen von American Apparel, Banana Republic oder Tommy Hilfiger gibt, was die Shoppinglust bedient. Gleich die Straße runter liegt das nächste Center, **ORLANDO PREMIUM OUTLETS – VINELAND AVENUE** *[8200 Vineland Avenue, Orlando, FL 32821, Tel. +1-407-238 77 87, www.premiumoutlets.com. Tägl. 10-23 Uhr]* mit 150 Geschäften für gehobene Ansprüche. Dazu gehören etwa CH Carolina Herrera, Roberto Cavalli, Burberry, Prada und Y-3.

Malls

Ebensolche Konsumtempel sind die Shoppingmalls, die sich einzig dadurch unterscheiden, dass das Angebot meist ein bisschen aktueller ist. 250 Shops hat die **FLORIDA MALL** *[8001 South Orange Blossom Trail, Room 420, Orlando, FL 32809,*

Tel. +1-407-851 62 55. Mo-Fr 10-21, Sa 10-22, So 12-20 Uhr] zu bieten. Besonders edel ist es in der **MALL AT MILLENIA** *[4200 Conroy Road, Orlando, FL 32839, Tel. +1-407-363 35 55, www.mallatmillenia.com. Mo-Sa 10-21, So 11-19 Uhr]*. Hier finden Sie zahlreiche Luxusgeschäfte wie Bloomingdale's, Neiman Marcus, Gucci, Tory Burch und Chanel. Unter den mehr als 150 Läden befinden sich außerdem Filialen von Macy's, Crate and Barrel, Apple, True Religion Jeans, Sanrio, Forever 21. Direkt am International Drive neben dem kopfstehenden Haus von WonderWorks (Seite 40) liegt **POINTE ORLANDO** *[9101 International Drive, Orlando, FL 32819, Tel. +1-407-248 28 38, www. pointeorlando.com. Okt-Mai So-Do 10-20, Fr, Sa 10-22, Juni-Sep So-Do 12-20, Fr, Sa 12-21 Uhr]*, eine einzigartige Ansammlung von Geschäften, Restaurants und Unterhaltungsangeboten – Zentralfloridas größtes IMAX-Kino unter freiem Himmel im Herzen der Stadt inklusive.

Themenparks

Auch die Themenparks sind für ihre ausgefallenen Geschenkläden bekannt. Hier gibt es allerlei Andenken und originelle Mitbringsel für die Daheimgebliebenen. Bei **WALT DISNEY WORLD RESORT DOWNTOWN DISNEY** *[1780 East Buena Vista Drive, Lake Buena Vista, FL 32830]* finden Disney-Fans alles, was das Herz begehrt: Micky-Maus-Ohren, Donald-Hüte, Bettwäsche für Prinzessinnen, Schwerter für Prinzen, Weihnachtskugeln, Kaffeetassen … nichts, was es nicht gibt. Und am **UNIVERSAL ORLANDO CITYWALK**

Gut zu wissen

[6000 Universal Boulevard, Orlando, FL 32819, Tel. +1-407-224 42 33] dürfen erwachsene Besucher entscheiden, ob sie ein ewiges Andenken von der **HART & HUNTINGTON TATTOO COMPANY** *[www.hartandhuntington orlando.com]* oder lieber eine Süßigkeit von Katie's Candy Company mit nach Hause nehmen. Auch die **WATERFRONT AT SEAWORLD ORLANDO** lockt mit allerlei kleinen Geschäften und jeder Menge Souvenirs.

Museumsmitbringsel

Egal welches Museum Sie im Sunshine State Florida auf Ihrer To-do-Liste stehen haben: Ob Bailey-Matthews National Shell (Seite 72) oder Dalí Museum (Seite 100), ob Kennedy Space Center (Seite 74) oder Edison & Ford Winter Estates (Seite 78), in jedem dieser spannenden Häuser wartet ein ausgezeichneter Museumsshop auf Ihren Besuch.

Für Wellenreiter

Surfbretter, Waveboards, Skateboards, T-Shirts, Badetücher,

Muschelladen auf Sanibel

Badelatschen, Taschen – alles, was man für einen coolen Tag am Beach benötigt, bekommt, wer sich gern stylt, im **RON JON SURF SHOP** *[5160 International Drive, Orlando, FL 32819, Tel. +1-407-481 25 55, www.ronjonsurf shop.com. Mo-Sa 10-21.30, So 10-19 Uhr, siehe auch Seite 22]*.

Alles unter einem Dach

TARGET *[z. B. 4750 Millenia Plaza Way, Orlando, FL 32839, Tel. +1-407-541 00 19, www.target.com. Tägl. 8-24 Uhr]* ist eine Kaufhauskette, die es in ganz Amerika gibt. Für Basics wie Socken und Unterwäsche, T-Shirts, Kosmetikartikel, aber auch Koffer, Elektronik, Food, Bücher und Musik ist das die richtige Adresse: alles unter einem Dach und einiges sogar recht günstig. Die Kinder- und Spielzeugabteilungen sind groß. Tipp: Schauen Sie vorher auf der Target-Website unter dem Link „Find Store" nach und entdecken Sie, wo der nächstgelegene Markt auf Sie wartet.

Noch Platz im Koffer?

Muscheln in allen Größen und Formen kann man auf Sanibel Island selbst sammeln – wer keine Muße dafür hat, kauft sie bei **SHE SELLS SEA SHELLS** *[1157 Periwinkle Way, Sanibel Island, FL 33957, Tel. +1-239-472 69 91, www.sanibelshellcrafts.com, siehe Seite 73]*. Noch Platz im Koffer? Eine winzige Kleinigkeit geht noch? Ein hübscher Kissenbezug, ein lustiger Salzstreuer? Bei **BED, BATH & BEYOND** *[3228 East Colonial Drive, Orlando, FL 32803, Tel. +1-407-427 18 64, www.bedbathandbeyond.com]* findet man jede Menge schöne Accessoires für die Wohnung.

Festkalender

Conch Shell Blowing auf den Florida Keys

Januar
WALT DISNEY WORLD
MARATHON WEEKEND
[www.rundisney.com]
Die Walt-Disney-Welt in
Orlando steht Mitte Januar
ganz unter dem Zeichen des
Sports. Erwachsene, Familien
und selbst die kleinsten Kinder
können um die Wette rennen
oder krabbeln (jeder nach
Altersgruppe und Können).

Februar
FASCHING/MARDI GRAS
[www.universal-orlando.com]
Die „fünfte Jahreszeit" wird auch
in Florida angemessen begangen.
Kunterbunt gekleidet feiert die Menge
bei Umzügen, Partys und Events,
u. a. im Universal Studio in Orlando.
THE ANNUAL SILVER SPURS
MONSTER BULLS RODEO
[www.silverspursrodeo.com]
Echtes Rodeo gibt's auch in Kissim-

mee. Mitte Februar präsentieren
unerschrockene Cowboys ihre
kühnen Shows, in denen sie nicht
nur wilde Pferde zähmen.

März
CONCH SHELL BLOWING
[www.oirf.org, Tel. +1-305-294 95 01]
Rote Gesichter, aufgeblähte Backen
und Geräusche, die vom Mäuse-
piepsen bis hin zum Ochsengebrüll
reichen – der alljährliche Conch-
Shell-Blowing-Wettbewerb!
HOLLYWOOD ST. PATRICK'S DAY
PARADE & FESTIVAL
[www.stpatricksparade.com]
Zu Ehren des Schutzpatrons der Iren
wird es Anfang März grün auf den
Straßen von Hollywood in der Nähe
von Miami. Straßenumzug, bunte
Kirmes und irische Livemusik.

April/Mai
EPCOT INTERNATIONAL FLOWER
& GARDEN FESTIVAL
[www.disneyworld.disney.go.com]

Gut zu wissen

Ganz schön blau

Lernen Sie die blauen Männer
der **BLUE MAN GROUP** kennen
und erleben Sie ein fulminantes
Live-Spektakel, das Zuschauer in
Las Vegas, Berlin, auf Kreuz-
fahrtschiffen und in Orlando
in den Bann zieht. **UNIVERSAL
ORLANDO,** *www.universal
orlando.com. Erw. $ 60, Kinder
(ab 3 J.) $ 30, Specials ab $ 29.*

Wer in der Zeit von März bis Mai Epcot besucht (siehe auch Seite 84), sollte sich dieses botanische Festival nicht entgehen lassen. Die Kinder lernen in interaktiven Ausstellungen viel über die bunte Pflanzenwelt und die Eltern können sich einige Tipps für zu Hause abgucken.

Juni

THE BADDEST BBQ ON THE BONE FISHING SLAM & BBQ FESTIVAL
[www.visitstpeteclearwater.com]
Barbecue mit Angeln ist genau das, wovon Sie träumen? Dann verpassen bloß nicht dieses Event mit Livemusik am Madeira Beach, St. Petersburg.

Juli

FOURTH OF JULY
Fast in jedem Bundesstaat finden am amerikanischen Nationalfeiertag Paraden und politische Gedenkveran-

Ab März: Epcot Flower & Garden Festival

Staatliche Feiertage

NEW YEAR'S DAY – 1. Januar
MARTIN LUTHER KING DAY – 3. Montag im Januar
WASHINGTON'S BIRTHDAY – 3. Montag im Februar
MEMORIAL DAY – letzter Montag im Mai
INDEPENDENCE DAY – 4. Juli
LABOR DAY (Tag der Arbeit) – 1. Montag im September
COLUMBUS DAY – 2. Montag im Oktober
VETERANS DAY – 11. November
THANKSGIVING DAY – 4. Donnerstag im November
CHRISTMAS DAY – 25. Dezember.
Fallen Neujahr, der Unabhängigkeitstag oder Weihnachten auf einen Sonntag, so ist der folgende Tag ebenfalls ein Feiertag. Fällt einer dieser Tage auf einen Samstag, wird der Tag davor zum Feiertag. Ein Feiertag ist in den USA nicht gleichgesetzt mit einem arbeitsfreien Tag, somit haben die meisten Geschäfte an den Feiertagen geöffnet. Frei gibt es oft nur für Schulen, Banken und Behörden. Am 25.12. sind allerdings alle Geschäfte geschlossen.

staltungen statt. Ein besonderes Erlebnis sind die Feuerwerke am Abend.
HEMINGWAY DAYS FESTIVAL
[www.fla-keys.com/hemingway-days]
Beinahe eine Woche lang wimmelt es in Key West von weißhaarigen,

Im Oktober: Fantasy Fest in Key West

bärtigen Männern, die nur eins im Sinn haben, nämlich den Hemingway-Doppelgänger-Contest zu gewinnen. Außerdem auf dem Programm: Lesungen und ein Bullen-Umzug.

August
KEY WEST LOBSTERFEST
[www.keywestlobsterfest.com]
Hummer, so weit das Auge reicht: Entlang der Duval Street wird der Beginn der Lobstersaison zelebriert. Straßenfest mit Kulinarischem und Konzerten.

September
NATIONAL PUBLIC LANDS DAY
[www.neefusa.org]
Wollen Sie Ende September die Everglades oder den Dry Tortugas National Park besuchen? Am National Public Lands Day zahlen Sie keinen Eintritt.

Oktober
FANTASY FEST
[www.fantasyfest.com]
Dieses Fest zieht jede Menge Besucher nach Key West. Eine Woche lang werden die ausgefallensten Fantasy-Kostüme zur Schau getragen, bunte Straßenumzüge, unzählige Shows und Partys (z. B. das familienfreundliche Bahama Village Goombay Festival) versetzen den ganzen Ort in einen Ausnahmezustand.

FLORIDA HALLOWEEN TRAINS
[www.ghosttrainadventure.com]
In mehreren Städten Floridas fahren Ende Oktober besondere Züge, z. B. in Orlando: Der Team R.I.P. Ghost Train startet am Ripley's Believe it or not! Odditorium! (siehe Seite 39).
In Parrish: Das Florida Railroad Museum lädt zu einer Fahrt mit dem **PUMPKIN PATCH EXPRESS** *[12210 83rd Street East, Parrish, FL 34219, Tel. +1-941-776 09 06, www.frrm.org]* ein.

November
FEAST OF LITTLE ITALY
[www.feastoflittleitaly.com]
Pasta, Pizza, Panettone ... Das größte italienische Festival in Südflorida lockt alle Jahre wieder Anfang November bis zu 70.000 Besucher nach Jupiter, Palm Beach County. Wie wär's mit einem Lasagne-Wettessen?

Dezember
HOLIDAY IN THE PARK
[www.visitstpeteclearwater.com]
Bringen Sie sich und Ihre Kinder in Weihnachtsstimmung. Treffen Sie Santa zum gemeinsamen Selfie in Pinellas Park. Ho, ho, ho!

Gut zu wissen

Flora & Fauna

Neben den Echsen mit der großen Klappe und dem amerikanischen Nationalsymbol, dem Weißkopfseeadler, beeindruckt Florida mit einer artenreichen Tier- und Pflanzenwelt. In den sieben Vegetationszonen – Flatwoods, Buschland, Savanne, grasbewachsene Sümpfe, Salzwiesen sowie Laub- und Kiefernwälder – sind rund 700 Fischarten, mehr als 300 unterschiedliche Schmetterlinge und 100 verschiedene Palmensorten zu Hause. Der Sunshine State und seine Bewohner bemühen sich, diese einzigartige Vielfalt zu erhalten. Aus diesem Grund werden immer mehr Gebiete unter Naturschutz gestellt.

Faszinierende Wasserwelt
Die tierischen Bewohner der Halbinsel finden in mehr als 30.000 Seen, 160 Flüssen und zahlreichen Sumpfgebieten ideale Lebensbedingungen. Aufgrund seines Artenreichtums gehört Florida zu den besten Angel- und Tauchrevieren der Welt. Zu entdecken gibt es hier u. a. Süß- und

Die Manatees – sanfte Riesen

Besuch bei den Manatees

Ohne die freundlichen Rundschwanzseekühe wäre **CRYSTAL RIVER** nur ein verschlafenes Dorf zwischen Tampa und Tallahassee. Der gleichnamige Fluss mit 22 Grad warmem, kristallklarem Wasser lädt dazu ein, mit den friedlichen Riesen im Rahmen einer Boots- oder Schnorcheltour auf Tuchfühlung zu gehen. Ein unvergessliches Erlebnis! *Zahlreiche Anbieter geführter* **MANATEE-TOUREN** *gibt es in der Nähe des Highway 44, North Suncoast Boulevard, www.floridamanateetours.com. Siehe auch Kasten Seite 45.*

Salzwasserfische, Delfine, Korallenriffe und Muscheln. Die Florida Keys, eine beeindruckende Kette von mehr als 200 Koralleninseln, bieten ideale Bedingungen, um die faszinierende Unterwasserwelt zu erkunden, z. B. von der deutschsprachigen Tauchbasis Floridas, **SCUBA-FUN**, aus *[Mile Marker 99, 99222 Overseas Highway (US 1), Key Largo, FL 33037, Tel. +1-305-394 50 46, www.tauchen-florida.de].* Hier kann man mit Glück auch die gigantischen Manatees bestaunen, die einst bis zur Ausrottung gejagt wurden und heute unter strengem Artenschutz stehen. Auch Sport- und Erholungsfischer finden in Florida ein tolles Revier. In einigen State Parks ist das Angeln erlaubt. Hierfür muss man allerdings im Besitz einer lokalen

Fischereilizenz sein. Bei Interesse erkundigen Sie sich in den örtlichen Angelshops. Manchmal kann man vor Ort eine Lizenz erwerben.

Wälder und wilde Tiere
Die höchste natürliche Erhebung des Bundesstaates ist der Britton Hill mit gerade einmal 105 Metern über dem Meeresspiegel. Im Norden wachsen Longleaf-Kiefern, Eichen und Zypressen, von denen einige auf mehr als 3.500 Jahre geschätzt werden *[Big Cypress National Preserve, 33000 Tamiami Trail East, Ochopee, FL 34141, Tel. +1-239-695 20 00, www.nps.gov. Tägl. 9-16.30 Uhr (außer an Weihnachten). Kostenlose geführte Touren sind von der aktuellen Witterung und Jahreszeit abhängig, müssen direkt erfragt und bis 14 Tage vorher reserviert werden].*
35 Prozent der Landfläche Floridas ist mit Wäldern bedeckt und beheimatet Weißwedelhirsche, den bedrohten Florida-Panther oder den Graufuchs. Auch kleinere Säugetiere wie Waschbären, Eichhörnchen oder Kaninchen können in freier Wildbahn beobachtet werden. Dazu gibt es eine bunte Vogelwelt, die von Flamingos über Adler und Geier bis hin zu Pelikanen reicht. Ein prima Tipp für Familien: die **FLAMINGO GARDENS**. Spazieren Sie entspannt durch eine Vielzahl von exotischen Pflanzen und vorbei an einheimischen Tieren. Nehmen Sie sich mindestens 90 Minuten Zeit. *[3750 South Flamingo Road, Davie, FL 33330, www.flamingogardens. org. Tägl. 9.30-17 Uhr (Anfang Juni-Ende Okt Mo sowie an Weihnachten und Thanksgiving geschlossen). Erw. $ 19,95, Kinder (3-11 J.) $ 12,95].*

Symboltier Floridas: der Flamingo

In Zentralflorida befindet sich das Hauptanbaugebiet für schmackhafte Zitrusfrüchte. Auf einer Fläche von ca. 350.000 Hektar werden Orangen angebaut. Die meisten Früchte werden sofort gepresst und zu Konzentrat für Saft verarbeitet. Mehr als 15 verschiedene Sorten Bio-Obst gibt es zum Selbstpflücken auf der großen, familienfreundlichen Plantage **SHOWCASE OF CITRUS** *[5010 US Highway 27, Clermont, FL 34714, Tel. +1-352-394 43 77, www.show caseofcitrus.com. Mitte Okt-Mitte Mai].* In Richtung Süden befinden sich die berühmten Mangrovenlandschaften wie z. B. die Everglades (Weltnaturerbe der UNESCO, siehe Tour 5, Seite 56 ff.). Auf geheimnisvollen Pfaden lassen sich mehr als 60 Orchideenarten bestaunen. Noch exotischer wird es, wenn man die großen Populationen der scheinbar friedlich dahintreibenden Alligatoren (Gators) und Krokodile beobachtet – lieber mit Sicherheitsabstand! Auch anderen tierischen Bewohnern geht man besser aus dem Weg. In Floridas tropischem Klima fühlen sich mehr als 40 verschiedene Schlangenarten wohl. Darunter so giftige Gesellen wie Klapper-, Mokassin- oder Korallenschlangen, die sich in freier Wildbahn jedoch nur selten blicken lassen.

Gut zu wissen

Geschichte

Vulkanischen Ursprungs

In Amerikas südöstlichem Staat ist nicht nur der Lebensstil karibisch: Florida war Teil einer vulkanischen Kette. Diese brachte u. a. die karibischen Inseln hervor und verband sich im Laufe von Millionen Jahren teilweise mit dem Festland. Die ersten Bewohner soll es bereits vor mehr als 10.000 Jahren gegeben haben. Diese lebten im tropischen Marschland der Everglades und waren hoch entwickelt: Sie besaßen Werkzeuge aus Muschelschalen, jagten mit Schilfrohr und hatten sogar Fischteiche angelegt. Warum es diese Kultur irgendwann nicht mehr gab, weiß man bis heute nicht. Erst vor ca. 2.000 Jahren wurden die Feuchtgebiete wieder von den Calusa-Indianern bewohnt, die vom Fischfang lebten. Die im Norden beheimateten Timucua ernährten sich von der Landwirtschaft.

Die Eroberer kommen

Um Ostern 1513 erreichte der spanische Seefahrer Juan Ponce de Léon die Ostküste Floridas, das er nach dem spanischen Blumenfest Pascua Florida benannte. Für die nächsten 250 Jahre blieb der Sunshine State eine spanische Kolonie. 1565 kam es zur Gründung von St. Augustine, der ältesten und bis heute existierenden Stadt der Europäer in den USA. Die Spanier brachten nicht nur das Christentum nach Amerika, sondern auch Krankheiten (u. a. Typhus, Pocken), an denen unzählige Indianer starben. Ehen zwischen Spaniern und Indianern waren übrigens nicht selten.

Auf den Spuren von Ernest Hemingway

Der alte Haudegen war einer der größten Literaten des 20. Jahrhunderts – und einer der größten Frauenhelden seiner Zeit. Kein Wunder, Ernest Miller Hemingway war nicht nur Schriftsteller, sondern auch Reporter und Kriegsberichterstatter, Abenteurer, Hochseefischer, Großwildjäger – und dazu gut aussehend und talentiert. 1953 erhielt er den Pulitzer-Preis für seine Novelle „Der alte Mann und das Meer" und 1954 den Literaturnobelpreis. Hemingway war viermal verheiratet und zahlreiche Liebesabenteuer säumten seinen Weg. Doch all die schönen Frauen, das Talent und die luxuriösen Häuser auf Key West und Kuba haben ihn nicht glücklich gemacht. Eine tiefe Depression trieb ihn 1961 in den Selbstmord (siehe auch Tour 7, Seite 67 f.).

Die Engländer begannen, ihre Kolonien von Nordamerika auszuweiten, und sagten den Spaniern in Florida den Kampf an. Nach dem Siebenjährigen Krieg gelang es den Briten 1763, die Macht zu übernehmen. Vorerst, denn im Amerikanischen Unabhängigkeitskrieg (1775-1783) gewann Spanien die Kontrolle über den größten Teil von Westflorida zurück. Das Verhältnis zum restlichen Teil Amerikas verschlechterte sich, als die Spanier entflohenen Sklaven Unterschlupf gewährten. Am 4. Juli 1776 wurden die Vereinigten Staaten von Amerika gegründet. US-Truppen marschierten in die spanische Kolonie und besetzten Westflorida. Die Spanier gaben nach und verkauften 1819 im Rahmen des Adams-Onís-Vertrags, des Transkontinentalvertrags, ihr gesamtes Territorium an die USA.

Indianer und Bürgerkrieg

Mit den weißen Siedlern weitete sich die Plantagenkultur nach Florida aus. Im Kampf um neue Anbauflächen sollten die dort beheimateten Seminolen-Indianer weichen. 1821 kam es zum ersten von drei Seminolen-Kriegen (auch Floridakriege genannt), angeführt von Gouverneur Andrew Jackson – dem späteren 7. Präsidenten der Vereinigten Staaten (1829-1837). Am 3. März 1845 wurde Florida offiziell als 27. Bundesstaat in die

Union aufgenommen. Im politischen Gerangel der Parteien änderten sich die Machtverhältnisse, weshalb sich elf Staaten wieder aus der Union lösten – darunter auch Florida. Hieraus entstand 1861 ein Bürgerkrieg, der nach vier Jahren für die Nordstaaten siegreich beendet wurde.

Eisenbahn & Zirkuselefanten

In den Nachkriegsjahren war der Staat Florida chronisch pleite. Unternehmer wie Henry Morrison Flagler (siehe auch Seite 48) nutzten ihre Chance. Der „Eisenbahnbaron" errichtete eine Linie entlang der Ostküste und schob damit eine Entwicklung an, die bis heute Floridas Wirtschaftsfaktor Nr. 1 ist: der Tourismus. Bei den Eisenbahnstationen entstanden luxuriöse High-Class-Hotels für sonnenhungrige Besucher. Als ebenso geschäftstüchtig – und ein wenig rabiat – erwies sich Carl Graham Fisher, der mithilfe von zwei Zirkuselefanten Teile des Mangrovendschungels roden ließ, um dort u. a. Tennisplätze sowie eine Pferderennbahn zu errichten. Nach der Zerstörung durch einen gewaltigen Hurrikan 1926 wurde in Miami Beach eine Architektur im Stil des französischen Art déco erbaut. Die noble Feriendestination zog allerdings nicht nur ehrenwerte Urlauber an. Gangsterkönig Al Capone besaß ein luxuriöses Anwesen in der Palm Avenue 93 auf Palm Island. Hier lebte der Kriminelle – unterbrochen von einem Aufenthalt auf der Gefängnisinsel Alcatraz – acht Jahre, bevor er 1947 in Florida starb.

Gut zu wissen

Das Hemingway-Haus in Key West

Wie die Indianer ...

Mitten in den Everglades, am Rande der Zivilisation, liegt das **BIG CYPRESS RESERVATION**, in dem ca. 600 Seminolen-Indianer zu Hause sind. Vor 20 Jahren entschied der Stamm, Besucher aus aller Welt an seiner Kultur teilhaben zu lassen – vom Ah-Tha-Thi-Ki-Museum, das Kleidung, Schmuck und Waffen ausstellt, über Live-Vorführungen, Lagerfeuer-Abende bis zu Delikatessen, wie z. B. Alligatorschwanz oder indianisches Brot. Ein richtiges Abenteuer! Weitere Infos unter www.semtribe.com.

Platznot im Sunshine State

Menschen aus Amerika und Europa strömten in Scharen nach Florida, um dort zu leben und zu arbeiten. Eine rasante Entwicklung, die zu einem Land-Boom führte, der bis Mitte der 1920er-Jahre anhielt. 1926 kam es zum Niedergang der Immobilienpreise und einer anschließenden Depression. 1929 folgten neue Immigrantenströme. Auslöser war der sogenannte Schwarze Freitag. Viele nutzten den Börsenkrach an der Wall Street, um im Sonnenschein-Staat ein neues Leben zu beginnen. Für die ansässigen Afroamerikaner brachte diese Entwicklung keine Veränderung ihrer Lebensumstände. Auch in Florida hatten sie kein Wahlrecht und die Rassentrennung war an der Tagesordnung – dies änderte sich erst durch die Bürgerrechtsbewegung in den 1960ern. Einen prominenten Bewohner erhielt Florida 1931, als der Schriftsteller Ernest Hemingway mit seiner zweiten Ehefrau Pauline in die Whitehead Street 907 zog (siehe auch Kasten Seite 120 und Seite 67 f.). 1959, nach der Revolution in Kuba, flüchteten zahlreiche Castro-Gegner ins benachbarte Florida. Das kubanische Viertel in Miami entstand – die bis heute größte kubanische Gemeinde außerhalb Kubas. Florida drohte mit seinen 170.304 Quadratkilometern aus allen Nähten zu platzen. Zum Vergleich: 1900 zählte Florida 528.000 Einwohner, 1960 fast 5 Millionen und aktuell 21 Millionen. Florida ist einer der bevölkerungsreichsten Bundesstaaten der USA.

Raumfahrt & Entertainment

Der nächste wirtschaftliche Aufschwung kam nach dem Zweiten Weltkrieg, als die Weltraumforschung Florida für sich entdeckte. Die NASA ließ sich an der Ostküste nieder und errichtete das Raumfahrtzentrum Cape Canaveral (siehe auch Seite 94). Die Eglin Air Force Base ist mit 1.876 Quadratkilometern der größte Stützpunkt der amerikanischen Luftwaffe im Nordwesten Floridas. In den 1960ern überrollten zahlreiche Erlebnisparks den Staat. Den Anfang machte das Space Center, u. a. gefolgt von den Universal Studios und SeaWorld. Anfang der 1970er entdeckte der Walt-Disney-Konzern Florida und baute seinen ersten Park, das Magic Kingdom in Orlando (gefolgt von Epcot und den MGM Studios). Damit war ein weiterer Grundstein für die Entertainment-Metropole gelegt.

Sport

Sport gehört in Florida zum Lifestyle einfach dazu. Ob man sich selbst betätigt oder die Lieblingsmannschaft in einer der riesigen Arenen anfeuert, ist dabei egal. Die Stars der jeweiligen Teams sind die Helden der Nation. Schon im Kindergarten träumen viele junge Amerikaner davon, später einmal in die großen Fußstapfen ihrer Idole zu treten …

Familiensache
Der Besuch einer Sportveranstaltung ist in Florida ein Familienereignis und der wichtigste Nationalsport ist Football. Aus Florida stammen drei Teams: die Miami Dolphins, die Jacksonville Jaguars und die Tampa Bay Buccaneers. Zum jährlichen

Baseball: Volkssport Nummer 1

Highlight kommt es, wenn im Januar/Februar das Saisonfinale der National Football League (NFL) stattfindet – der sogenannte Super Bowl! Das Endspiel der Saison 2019, der Super Bowl LIV (54.), wird am 2. Februar 2020 im **HARD ROCK STADIUM** in Miami Gardens, Florida, ausgetragen *[347 Don Shula Drive, Miami Gardens, FL 33056, Tel. +1-305-943 80 00, www.hardrockstadium.com]*.

Baseball
Durch mehrfache Gehälterstreiks hat Baseball in den vergangenen Jahren viele Fans verloren, rangiert aber weiterhin auf Platz 2 der beliebtesten Sportarten in den USA. Jede Mannschaft bestreitet in der Saison mehr als 150 Spiele – dadurch sind die Eintrittspreise niedriger als bei anderen Sportarten. Die großen Teams in Florida sind die Tampa Bay Rangers

Viele berühmte Sportler …

… trainieren und genießen das Leben im US-Bundesstaat Florida. Die bekannten Tennis-Schwestern Serena und Venus Williams haben sich in Palm Beach Gardens angesiedelt. Steffi Graf und Andre Agassi besitzen ein Anwesen in Boca Raton. Tiger Woods nennt ein schickes Grundstück auf Jupiter Island sein Eigen und auch die früheren NBA-Basketballstars Shaquille O'Neal und Michael Jordan residieren im beliebten Sunshine State.

Gut zu wissen

und die Miami Marlins, die seit 2012 im **MARLINS PARK** in Downtown Miami spielen *[501 Marlins Way, Miami, FL 33125, Tel. +1-305-480 13 00, www.mlb.com/marlins. Tickets ab $ 30]*.

Basketball

Die National Basketball Association ist die beste Basketball-Liga der Welt. Derzeit besteht die NBA aus 30 Mannschaften, von denen immerhin zwei aus Florida kommen: Orlando Magic und Miami Heat sind sehr erfolgreich, scheitern jedoch nicht selten an dem deutschen Superstar Dirk Nowitzki, der für die Dallas Mavericks Körbe wirft. In Florida finden die Basketballspiele u. a. in der **AMERICAN AIRLINES ARENA** statt. Eine Multifunktionshalle, die auch für Konzerte und andere Veranstaltungen genutzt wird *[601 Biscayne Boulevard, Miami, FL 33132, Tel. +1-786-777 10 00, www.aaarena. com. Ticket-Tel. +1-800-653-80 00]*.

Golf

Die immer beliebter werdende Ballsportart nimmt in Florida einen besonderen Platz ein. Mit über 1.000 Golfplätzen gibt es hier mehr als in jedem anderen amerikanischen Staat. Und die Abwechslung kommt nicht zu kurz: Florida bietet Golfanlagen mit Palmen, Seen oder Pinien und sogar mit dem Ausblick auf den Golf von Mexiko. Das Klima ist von Oktober bis April ideal. Besonders auf dem Coral Oaks Golf Course sind auch die kleinen Spieler willkommen *[mehr Infos auf www.floridagolf.com]*.

Kanu fahren

Durch Mangrovenwälder, Küstengewässer, Seen und Flussläufe – Floridas Wasserwege sind ein Paradies für Kanuten und Kajakfahrer. Intensiver kann man die bunte Tier- und Pflanzenwelt kaum erleben als vom Wasser aus. In Everglades City gibt es **NORTH AMERICAN CANOE TOURS**, die

Natur pur: Auf exotischen Wegen wird auch kleinen Wanderern nicht langweilig

Einmal um die ganze Welt

Die Welt, wie sie sich die Macher von Disney vorstellen erwartet Sie im im **VERGNÜGUNGSPARK EPCOT**, wo rund um die „World Showcase Lagoon" die Häuser diverser Länder liegen und allerlei Einblicke gewähren: China lockt durch ein rotes Tor hinein in die asiatische Welt. In Deutschland werden Lederhosen und Dirndl getragen und das Bier fließt in Strömen. Gleich linksherum lädt Mexiko mit mystischen Pyramiden und einem Restaurant unterm Sternenhimmel ein. *200 Epcot Center Drive, Orlando, FL 32821, Tel. +1-407-824 43 21. Kernzeiten tägl. 9-21 Uhr. Erw. $ 107, Kinder (3-9 J.) $ 101.*

Boote und Ausrüstung vermieten *[107 Camellia Street East, Everglades City, FL 34139, Tel. +1-877-567 06 79, www.iveyhouse.com. Ab $ 35, je nach Boot und Tour].*

Bowling
Ein Ausflug auf die Bowlingbahn macht der ganzen Familien Spaß und ist einer der wohl klassischsten amerikanischen Zeitvertreibe. Zu den angesagtesten Adressen gehört das **BIRD BOWL CENTER** *[9275 Southwest 40th Street, Miami, FL 33165, Tel. +1-305-221 12 21, www.birdbowl. com. So-Do 9-1, Fr, Sa 9-3 Uhr. Ab $ 3,95 pro Pers./Spiel]* in Miami. In

stilechter Atmosphäre gibt es hier auch einen Billard- und einen Game-Room. Ein Restaurant, das typisch amerikanische Burger & Co. serviert, darf natürlich auch nicht fehlen!

Surfen
Es gehört zum American Way of Life, sich lässig auf einem Surfbrett über die Brandung tragen zu lassen. Dies geht nirgendwo besser als am Strand von Sebastian Inlet im gleichnamigen Nationalpark. Südlich von Melbourne Beach befindet sich das Surfzentrum der Ostküste. An dem 4,5 Kilometer langen Strand ist eine gute Brandung sicher, weshalb hier jährlich die Surf- meisterschaften der Eastern Surfing Association (ESA) stattfinden *[www. centralfloridaesa.com]*. Nicht nur Wel- lenreiter zieht es an diesen Hotspot – hier können kleine Wasserratten auch angeln, schnorcheln oder tauchen.

Wandern
Von den Wäldern im Norden bis zu den Sumpf- und Feuchtgebieten im Süden – in Florida müssen die Deut- schen nicht auf eins ihrer liebsten Hobbys verzichten. Auf der Website von Visit Florida *[www.visitflorida. com]* können Informationen zu mehr als 100 Wander-, Rad- und Paddel- wegen des Bundesstaates abgerufen werden. So ist es möglich, im Vorfeld Reiserouten zu planen, detaillierte Beschreibungen der Wege – z. B. Aktivität oder Länge – abzurufen und über interaktive Karten zu erfahren, welche Hotels, Einkaufsmöglichkeiten oder Restaurants in der Nähe sind. So wird es auch für die Kids nicht langweilig, Floridas Natur aus nächster Nähe zu entdecken.

Gut zu wissen

Index

A Air Florida Helicopter Charters Inc. 36
American Airlines Arena 124
Ankunft 102
APIS-Formular 103
Apotheke 12
Aquatica 18 f.
Arnold Palmer Hospital for Children 109
Art Deco Welcome Center 55
Augustino LoPrinzi Guitars and Ukuleles 82
Auskunft 103
Autovermietung 10, 104
Avatar 90

B Babysitter 104
Babysitting Company 104
Baddest BBQ on the Bone 116
Bailey-Matthews National Shell Museum 72, 114
Baseball 36 f., 123
Basketball 123
Beach am Rickenbacker Causeway 53
Bed, Bath & Beyond 114
Big Cypress National Preserve 119
Big Cypress Reservation 122
Big Cypress Swamp Welcome Center 57
Bill Graham Farm Village 53
Bird Bowl Center 125
Blue Man Group 115
Bob Evans 41
Bootsausflüge 9, 26, 31, 44, 52, 59, 63, 67, 75 ff.,
Bowling 125
Bowman's Beach 32
Breakers Hotel 49 ff., 110
Brick House 41

C Cabbage Key 75 ff.
Camping 106 ff.
Captain Mitch's Airboat Tours 59
Captain Memo's Pirate Cruise 31
Captiva Cruise 75
Captiva Island 71 ff., 75

City Place West Palm Beach 46
Clearwater 30, 84, 99
Clearwater Beach 30 ff., 80, 84
Clearwater Marina 31
Clearwater Marine Aquarium 99
Cocoa Beach 22 f., 111
Conch Shell Blowing 115
Crandon Beach Park 53

D Dalí Museum 100
Delfine 9, 18, 31 f., 53, 61 f., 67, 75, 78, 84, 86, 96, 99
Dinosaur Store & Adventure Zone 22
Discovery Cove 86
Disney's Animal Kingdom 91 f.
Disney's Fort Wilderness Resort & Campground 106
Disney's Magic Kingdom 88 f.
Diva Duck Amphibious Tours 44 ff.
Dolphin Connection 63
Dolphin Research Center 9, 61, 96 f.
Don Cesar Hotel 27
Dry Tortuga 61

E EASY Card (Miami) 105
Eaton Bikes 66, 107
Edison & Ford Winter Estates 78
Einreise 6 f., 10, 102
Epcot 115, 125
Epcot International Flower & Garden Festival 115
Ernest F. Coe Visitor Center 58
Ernest Hemingway 65 ff., 117, 120
Escape Bradenton 84
ESTA-Genehmigung 10, 102
Everglades 9, 53, 56 ff., 106, 117, 119 f., 122, 124

F Fahrradverleih 28, 66, 83, 107
Fairchild Tropical Botanical Garden 25
Fantasy Fest 117

Fasching/Mardi Gras 115
Fastpass 88, 90 f.
Feiertage 116
Ferien 108
Feste & Veranstaltungen 115 ff.
Finnimore's (Fahrradverleih) 28, 107
Flagler Museum 48
Flamingo Gardens 119
Flamingo Visitor Center 59
Flora & Fauna 118
Florida Halloween Trains 117
Florida im Film 8
Florida Mall 113
Football 123
Forever Florida 93
Fort Lauderdale Beach Park 53
Fourth of July 116
Fred 62
Freizeitparks 18 ff., 38, 43, 82, 86 ff., 113 f.

G Garage Sale 10
Gatorland 43
Geld 11, 107
Geschichte Floridas 120 ff.
Glasbottom Boat Trips 67
Grassy Key 60 ff., 96
Great Explorations Children's Museum 80
Greater Miami Convention & Visitors Bureau 104
Green Flash 74

H Hard Rock Stadium 123
Hemingway Days Festival 116
Hemingway-Museum 67 f.
Historical Hotel Tour (im The Breakers) 50
Howl at the Moon, Orlando, Pianobar 41
Hurricane Center 108

I iFLY 42
I-Ride Trolley (Orlando) 34 ff., 104
Islamorada 60 f.
Island Rental Services 72

J J. N. „Ding" Darling

National Wildlife Refuge 71
Jaycee Park 24
John Pennekamp Coral Reef State Park 26, 65 ff.
Jungle Island (Erlebniszoo) 51
K Kajak & Kanu fahren 124
Kennedy Space Center 94 f., 122
Key Largo 65, 66, 116
Key Largo Chocolates 66
Key West 65 ff., 116
Key West Lobsterfest 116
Key West Visitors Center 66
Kissimmee 37, 46, 115
Klima 6, 56, 108
Kommunikation 108
Konsulat 108
Kreuzfahrten 38
L Lake Buena Vista 20 f., 88, 90, 111, 113,
Larios on the Beach 54
Lummus Park Miami 54
M Magical Midway Thrill Park 38
Mall at Millenia 113
Manatee Lagoon 45
Marathon 60 ff.
Marlins Park 123
Maßeinheiten, amerikanische 13, 103
Matheson Hammock 25
Medikamente 103
Medizinische Versorgung 13 , 108 f.
Mega Bite Dolphin Cruise 31
Miami 6, 25, 51 ff., 102 ff.
Miami Everglades RV Resort 106
Miami International Airport 102
Millionaire's Row Cruise 52
Minigolf 34 f., 43
Minigolf bei Putting Edge Orlando 43
Minus 5 Experience 36
Monkey Joe's at Pointe Orlando 42
Museum of Icecream 51
mykidseatfree.com 35

N Naturkatastrophen 109
Nicklaus Children's Hospital, Miami 109
North American Canoe Tours 124 f.
Notrufe 109
O Ochopee Post Office 57
Öffnungszeiten 109
Once Upon A Time Show 88
Orlando 8, 18 f., 34 ff., 39 ff., 86, 88, 90, 92, 102 ff., 110, 112 ff.
Orlando International Airport 102
Orlando Magicard 104
Orlando Official Visitor Center 104
Orlando Premium Outlets 112
Orlando S.E./Lake Whippoorwill KOA 106
P Palm Beach 44 ff.
Palm Beach Zoo 45
Passe-a-Grille 27, 81
Pelikane 83
Pier 60 30
Pirate's Cove 34
Pointe Orlando 36, 113
R Reef Roamer 65
Ripley's Believe it or not! Odditorium! 39, 117
Road Bear RV 107
Robbie's Marina 60
Ron Jon Surf Shop 22 f., 114
S Sanibel Island 28 ff., 32, 70 ff., 98, 114
Sanibel Sea School 98
Sawgrass Mills 52
Schnorcheln 26, 65
Scuba-Fun 118
SeaVenture 87
She Sells Sea Shells 73, 114
Showcase of Citrus 119
Silver Spurs Rodeo 115
Sloan's (West Palm Beach) 46 f.
Smathers Beach 65 f.
South Florida Science Center 47
Southernmost Point 69
Sponge Docks 84

St. Cloud 93
St. Patrick's Day 15
St. Pete Bicycle & Fitness 83
St. Petersburg 27, 80 ff., 100
Steuern 26, 110
Sugar Sand Festival 27
Suncoast Beach Trolley 84
Sunken Gardens 80
Surfkurs 23
T Tampa 82
Tarpon Bay Explorers 98
Tarpon Springs 84
Theater of the Sea 62
The Turtle Hospital 60
Trinkgeld 13, 110
Typhoon Lagoon 20 f.
U Universal Orlando CityWalk 113
Universal's Islands of Adventure 92
Universal's Volcano Bay 20
Unterkünfte 13, 110 ff.
V Valet-Parking 13
Verkehr 10 f.
Verkehrsmittel, öffentliche 104
Vero Beach 24
Viernes Culturales 55
Visit Florida 13, 125
Vizcaya Museum & Gardens 48
W Wakulla Springs State Park 109
Walt Disney World 20, 88, 90, 113
Waterfront at SeaWorld Orlando 114
West Palm Beach 44 ff.
Whole Foods Market 36
Wizarding World of Harry Potter 92
Wohnmobile mieten 107
WonderWorks 39
Y Yolo Watersports 77
Z Zoll 103

Impressum

VERLAG: COMPANIONS GmbH, Hopfensack 19, 20457 Hamburg, Tel. 040-306 04-600, E-Mail: info@companions.de, Internet: www.companions.de

AUTORINNEN: Simone Sever, Touren 4 + 7: Anne Beyer, Gut zu wissen: Ronja Bernecker, Stefanie Ohl
SCHLUSSKORREKTUR: Kerstin Gonsior
GESTALTUNGSKONZEPT: Finny Nguyen
LAYOUT: Cornelia Prott
DRUCK UND BINDUNG: DZA Druckerei zu Altenburg GmbH

ISBN: 978-3-89740-744-2

BILDNACHWEISE:
Titelfoto: Stoxy.com/Kristin Rogers Photography
Alle Fotos: Simone Sever, außer: Visit Florida S. 2, 12, 44, 47, 56, 59, 73, 109, 118, 119, 121, 123, 124, Anne Beyer S. 2, 51, 52, 54, 55, 58, 66, 68, Florida Keys S. 5, 60, 69, 101, Shutterstock.com (S.Borisov S. 3, Katherine Welles S. 6, Losevsky Pavel S. 16, Bildagentur PantherMedia/mariakraynova S. 27, William Silver S. 28, Sheri Armstrong S. 29, Jeff Gynane S. 32, Audrey Snider-Bell S. 33, romarti S. 57, SeanPavonePhoto S. 102, Ivan Cholakov S. 105), The Monroe Tourist Development Council S. 8, 61, 64, 67, 115, 116, 117, iStockphoto.com (Nina Shannon S. 11, Ben Blankenburg S. 70), JCB Prod/panthermedia.net S. 17, 107, SeaWorld Parks & Entertainment S. 19, 87, Disney S. 20, 21, 89, mic.ro/pixelio.de S. 40, London Duck Tours Ltd S. 44, Flagler Museum S. 48, SeanPavonePhoto/Fotolia.com S. 80, Discovery Cove, SeaWorld S. 86, 87, Dalí Museum, St. Petersburg Florida S. 100, iridetrolley.com S. 105, Floridays Resort Orlando S. 111, Premium Outlets S. 112.